LA DICHA DE LA VERDADERA MEDITACIÓN

La finalidad del material proporcionado en este libro es ofrecer información útil sobre los temas tratados. Su objetivo no es servir para diagnosticar o tratar ninguna dolencia o enfermedad médica, por lo que no debe ser usado con este fin. Se pone a la venta con la garantía de que los editores no se dedican a prestar servicios psicológicos, financieros, legales, ni de ninguna otra índole. En caso de requerir asistencia o asesoramiento, el usuario deberá recabar ayuda profesional.

Título original: The Joy of True Meditation
Traducido del inglés por Diego Merino
Diseño de portada: Editorial Sirio, S.A.
Maquetación de interior: Toñi F. Castellón

Publicado inicialmente en 2019 por New Sarum Press

C/ Rosa de los Vientos, 64
Pol. Ind. El Viso
29006-Málaga
España

www.editorialsirio.com
sirio@editorialsirio.com

I.S.B.N.: 978-84-18000-52-2
Depósito Legal: MA-888-2020

Impreso en Imagraf Impresores, S. A.
c/ Nabucco, 14 D - Pol. Alameda
29006 - Málaga

Impreso en España

Puedes seguirnos en Facebook, Twitter, YouTube e Instagram.

JEFF FOSTER

LA DICHA DE LA VERDADERA MEDITACIÓN

Palabras de aliento para mentes cansadas y corazones salvajes

EDITORIAL SIRIO

Para papá.
Hiciste las cosas «a tu manera».

ÍNDICE

PRÓLOGO
DE KELLY BOYS

La vida tiene una invitación simple y encarecidamente amable que hacernos: ser *como somos* ante *lo que es*.

La verdadera meditación –una vía que nos lleva de vuelta a nosotros mismos y que, a pesar de ser muy transitada, desaparece con gran facilidad– es al mismo tiempo difícil de definir y previsiblemente fiable en su desarrollo. En ella se produce un encuentro genuino *con la totalidad de lo que somos* (así como con *la totalidad de lo que creemos ser pero que no se sostiene a la luz de la indagación honesta y compasiva*). Es una senda que discurre a lo largo de líneas esenciales, que corre por surcos emocionales y existenciales y por todo lo que la vida manifiesta tanto en nuestro propio interior como en nuestro entorno.

Hacen falta valor y coraje para aceptar la invitación que se nos hace a emprender este viaje esencial de regreso a casa. Por extraño que parezca, a veces ese coraje se manifiesta bajo la forma de la desesperación, de la rendición, de la entrega… O como una «cobardía» total y absoluta que hace que ni tan siquiera seamos capaces de mirar, sentir o experimentar lo que está presente.

Y, sin embargo, aquí seguimos. Dormidos, despiertos, aproximándonos, alejándonos, encontrándonos con este momento.

Tal como somos ahora.

La verdadera meditación es profundamente relacional. Constituye el encuentro definitivo con aquello que es real: con la visión clara y directa de la verdad en cualquier forma que aparezca en nuestra vida. Esta visión clara de lo que está presente (ya se trate de una emoción, de un pensamiento, de una idea equivocada, de un momento de alegría o de la más profunda esencia de las cosas) es un gesto relacional e íntimo que nos invita a manifestar plenamente en nuestro propio cuerpo una presencia cálida y acogedora, una capacidad inquebrantable que, en esencia, nos permite dar la bienvenida a toda la belleza y el caos propios de la vida humana (y, en última instancia, convertirnos en dicho caos y dicha belleza). Es algo profundamente íntimo que no deja nada fuera. Lo incluye todo, no excluye nada. *El momento contiene en sí mismo las semillas de todo lo que necesitamos para recibirlo*.

Al acoger y dar la bienvenida a lo que sea que surja, sintiendo la respiración, el cuerpo, la existencia que vibra en nuestro núcleo central, nos *convertimos* en la apertura misma. A medida que profundizamos en esta actitud descubrimos que esta presencia acogedora forma la esencia de quién somos.

Entre los aspectos que puede traer consigo la visión clara que produce esta clase de presencia radicalmente abierta están la compasión, la relajación, la flexibilidad, las revelaciones impactantes, la risa, el desahogo o la pérdida del sentido de individualidad y de las creencias que albergábamos anteriormente; una sensación de alivio profundo, de habernos liberado del juego, de la trampa o la prisión de la mente. Cuando le prestamos una mayor atención a la respiración, a nuestros sentimientos, emociones, sensaciones y pensamientos, descubrimos que las cosas no son como creíamos que eran. El miedo se vuelve menos aterrador de lo que parecía, la ira menos amenazante. Aquellas partes de nuestro ser de las que nos enajenábamos, que no queríamos o repudiábamos, empiezan a encontrar su sitio nuevamente, a poder ser tal como son en un espacio que ya no las rechaza. Les ofrecemos un lugar en nuestro corazón, en nuestra mente y en nuestro ser que está libre de la violencia que supone la negación y el rechazo de nosotros mismos. *Incluso esta autonegación es acogida de buen grado*. De hecho, toda la violencia y los conflictos internos encuentran ahora el verdadero significado de la no-violencia en el propio acto de ser acogidos por lo que son. Cuando regresamos a nosotros mismos de este modo, empezamos a descansar.

He recorrido el mundo impartiendo clases de *mindfulness* o atención plena (al personal que desempeña labores humanitarias y a quienes están al cargo del desarrollo de proyectos en las Naciones Unidas, a reclusos en prisiones, a empleados de Google, a militares veteranos, etc.), y no soy capaz de encontrar ni una sola diferencia en las necesidades esenciales que todos tenemos, ni tampoco en nuestra capacidad colectiva tanto para ocultar como para confrontar profundamente lo que es real. Lo que he visto y experimentado en mí mismo y en los demás es que compartimos el anhelo común de descubrir esta presencia sencilla y acogedora en la que reencontrarnos con nuestra ternura, con nuestras vulnerabilidades, esperanzas y temores. Ocurren muchas cosas en el simple ofrecimiento de nuestra propia presencia.

La meditación nos ofrece la esperanza, el bálsamo, la cura del fin del sufrimiento. Lo que ocurre es que este fin del sufrimiento no llega del modo que creemos (ni del modo en que nos gustaría que lo hiciese): nos sobreviene al entregarnos por completo a todo lo que experimentamos, incluyendo nuestro propio sufrimiento profundo. La buena noticia es que al abrazar esta vía también surge un profundo sentimiento de confianza. Aprendemos (ya sea con el tiempo, de forma gradual, o porque no nos queda más opción que aprenderlo rápida y repentinamente) que la confianza está presente en cada paso, en cada respiración, cada vez que nos zambullimos en el momento presente desprovistos de nuestros antiguos andamiajes. Es como dejarnos caer hacia atrás con los ojos cerrados en brazos de nuestros amigos: nos da miedo, pero en el fondo sabemos que tendremos un aterrizaje suave. La verdad de las cosas, la crudeza y la realidad de la vida en todo su despliegue, se vuelve mucho más segura, mucho más amable, de lo que nuestras ideas pudieron haberlo sido alguna vez. Es posible que el miedo, la ira o la angustia no desaparezcan, pero, en presencia de nuestro amor, pueden transformarse y convertirse en portales que conducen a lo más profundo de nuestro sabio corazón (ese corazón que tal vez hayamos dejado demasiado tiempo abandonado).

Este libro es un gesto relacional, un compartir abierto y vulnerable, una mano tendida para ayudarnos a recorrer el camino, un tratado integral sobre el poder de nuestra propia presencia, de la respiración y de la simplicidad de ser *la totalidad de quién somos* al afrontar lo que la vida nos trae a cada momento. Jeff nos acompaña por todos los rincones que la mente crea para defenderse de la simplicidad de este momento, mostrándonos así el tapiz en toda su plenitud y asegurándose de que recordamos que la vida es mucho más salvaje y mucho más libre de lo que nunca pudiésemos haber imaginado.

En estas páginas, escritas con inteligencia y valentía, encontrarás muchas invitaciones: a tu soledad, a tu libertad, al descanso profundo que durante tanto tiempo has procurado evitar... Sus palabras nos invitan a encontrar un hogar dentro de nosotros mismos, a enamorarnos de nuestra mente y nuestro cuerpo, quizá por primera vez. Su prosa es feroz, salvaje, apasionada, poética y desacomplejada. Las suaves palabras de Jeff deshacen el estigma del trauma y nos brindan un espacio interior en el que poder «respirar» todas esas cosas que hemos hecho tan «mal». Es agnóstico en su fascinación. No se deja nada fuera: el sudor, las lágrimas, la sangre, la culpa, los impulsos oscuros, el poder y la alegría... Todo está incluido.

En cada una de las pinceladas de este libro se oculta un recordatorio constante de la ferocidad y la totalidad del momento como una invitación a la presencia, a respirar, a volver a casa; las invitaciones que Jeff nos hace son múltiples y variadas, y rinden homenaje al corazón vivo y palpitante y al aliento vital que –literalmente– nos inspira. Siendo quien es (un poeta, un amante, un loco en el mejor sentido de la palabra), Jeff nos ofrece sus palabras de aliento susurrándoselas a nuestra agotada mente, a nuestros cansados oídos, para que, de este modo, le lleguen a nuestro salvaje y resplandeciente corazón.

Kelly Boys,
autora de *El efecto punto ciego*
www.kellyboys.org

Algunos dicen que el mundo
es un valle de lágrimas.
Yo digo que es un valle
en el que se forjan las almas.

John Keats

EL DESCUBRIMIENTO DE LA VERDADERA MEDITACIÓN

Antes que nada, me gustaría compartir contigo parte de mi historia personal. Es una historia que empieza con la muerte y termina con la vida y cuenta el descubrimiento de la *verdadera meditación*: no por medio de libros, maestros espirituales o clases de meditación, sino a través de la muerte y el renacimiento, de aventurarme en mi propia oscuridad, de estar a un solo paso del suicidio y la autodestrucción, de atravesar el velo de la mente dual y alcanzar una Luz interior inextinguible. Una Luz que había estado ahí todo el tiempo: la Luz de la meditación, la Luz de la Unidad, la Luz de mi verdadero ser.

Quizá mi historia no sea tan distinta de la tuya. Creo que, en última instancia, todos estamos inmersos en el mismo viaje de regreso a casa, de vuelta al momento presente, al aquí y ahora.

Desde que tengo memoria, siempre he creído que había en mí algo que estaba «mal». Me sentía enfermo, roto y horrible por dentro; indigno de recibir amor, un error como ser humano, un individuo dañado y sin redención posible, sin esperanza. El terror a ser abandonado (y a la muerte misma) me calaba los huesos y hacía que tuviese miedo de vivir, que me sintiese azorado y avergonzado al hacerlo. Caminaba por las calles encorvado, ocultando el rostro. Nunca establecía contacto visual con nadie durante más de un breve instante, pues estaba convencido de que quien viese lo que era de verdad saldría despavorido de puro horror y repugnancia.

Me encontraba exhausto todo el tiempo, con un cansancio antiguo que sentía en un nivel muy profundo de mi alma. Me pasaba las vacaciones escolares escondido en mi habitación, recurriendo a los videojuegos, las películas o la comida para no pensar, y, en términos generales, anhelando una vida diferente. Tenía dolores, tensiones y contracturas por todo el cuerpo; un cuerpo al que consideraba mi enemigo y que me causaba repulsión.

Tuve ataques de pánico que mantuve en secreto y de los que jamás le hablé a nadie. Tenía pocos amigos, nadie con quien poder hablar de verdad. Sufrí mucho acoso escolar y, en los recreos, me escondía en los baños del colegio. Llegaba a casa empapado en sudor y me atiborraba con chocolate y hamburguesas de microondas para tratar de mitigar el dolor. Incluso en los días más calurosos del verano me ponía muchas capas adicionales de ropa para, de este modo, absorber la excesiva transpiración que me producía la ansiedad.

No tenía idea de si era hombre o mujer, heterosexual o gay, humano o animal, santo o asesino. Tal vez en algún lugar alguien cometió un tremendo error y yo había nacido en el momento y el planeta equivocados, orbitando un sol que no me correspondía. A veces ni siquiera sabía si estaba vivo o muerto. Para mí, mi identidad era un enorme signo de interrogación, y eso me inquietaba hasta los tuétanos.

A medida que me fui haciendo mayor, la necesidad de morir fue creciendo conmigo. A menudo fantaseaba con matarme, con destruir el mundo, o con hacer ambas cosas a la vez. Una pena y una rabia muy antiguas hervían en mi interior, pero yo me limitaba a tratar de insensibilizarme ante esos sentimientos y poner cara de valiente. Me fue muy bien a nivel académico y en el colegio muchas veces era el mejor de la clase. A los dieciocho me aceptaron en la Universidad de Cambridge, lo que supuso un gran honor para mi familia. Yo fingía ser feliz, estar satisfecho, sentirme pleno, tranquilo y complacido: era el arquetipo mismo del «buen chico». No mostraba nada al mundo que pudiese reflejar la auténtica profundidad de mi desesperación.

En los breves momentos de calma que disfrutaba durante el día y en las pesadillas que tenía mientras dormía, escuchaba los alaridos de monstruos que gemían desde lo más profundo de mi ser, gritos terriblemente angustiosos de seres olvidados que había relegado a las tinieblas, partes abandonadas de mi propia psique que desde el inframundo reclamaban mi amor, mi ayuda y mi atención.

Había renunciado a todos mis sueños y todas mis esperanzas. Desde pequeño, siempre había querido contar historias, hacer películas, crear obras que sirviesen de inspiración a los demás, tal vez incluso que cambiasen el mundo, pero estaba petrificado por el miedo al fracaso y el rechazo y por el gran temor que me producía que otros pudiesen ver mi vergonzoso interior, así que bloqueé todas estas pasiones creativas por el riesgo que suponían. Vivía fuera de mi cuerpo y fuera del momento presente; estaba inmerso en el fantasioso mundo de la mente conceptual ligada al tiempo, en ensueños y pesadillas, en filosofías complicadas y mundos distantes, en pasados y futuros... Y siempre, constantemente, lamentándome de cosas pasadas o anticipando lo que podría ocurrir en el futuro. Era un apátrida, un destituido, un sintecho. Estaba totalmente enajenado de mi verdadero santuario, de mi auténtico refugio. Me había separado de Dios, me había alejado de la Fuente de la Vida, estaba completamente desligado de la Madre Divina.

Me dolía desde lo más profundo de mi soledad cósmica el no ser capaz de encontrar el modo de extinguirme.

Más adelante llegué al punto de querer suicidarme. Parecía ser la única solución al imposible problema de vivir. Me sentía exhausto (mucho más allá de mi capacidad de tolerancia) y estaba más que cansado de fingir, de tratar de «encajar», de vivir en un mundo que era incapaz de verme, o que no quería verme tal como era. Había algo en mí que tan solo quería descansar del agotador e interminable proyecto de «ser una persona en el mundo».

Por supuesto que, en realidad, no quería morir. Secretamente, *tenía unas enormes ganas de vivir*. Sencillamente no sabía cómo hacerlo. Nadie me había enseñado.

Creía que la muerte física era la única manera de avanzar, el único camino posible.

Me sumí en una oscuridad muy profunda.

Y luego, un día cualquiera, todas mis defensas contra la vida, toda mi resistencia a estar vivo, todas mis protecciones condicionadas contra el dolor y el placer de la experiencia cruda empezaron a resquebrajarse.

Todo el material inconsciente reprimido, todos los pensamientos, sentimientos y deseos que había estado conteniendo para parecer «normal» y «civilizado», empezaron a filtrarse por las grietas, después a manar a chorro y, finalmente, a desbordar en un mar de percepción consciente. La caja de Pandora había saltado en pedazos dentro de mí. Ya no podía seguir huyendo de mi propia oscuridad interior, ya no podía alejar de mí la vida y buscar refugio en la mente conceptual, pues ya no había ningún refugio seguro que encontrar ahí. Estaba siendo llamado a confrontar la vida, a mirarla de cara y abrirme a ella. La alegría, el terror, la rabia, los abrasadores sentimientos de abandono reprimidos desde la infancia, oleadas y más oleadas de dolor y desgarro indescriptible... Ya no podía seguir escapando de todas estas cosas. Los traumas se habían desatado en mi interior con toda su crudeza. Todo lo que hasta entonces había estado conteniendo ahora manaba precipitadamente hacia mí ¡como un imparable torrente de vida! Pensé que iba a morir, pues estaba convencido de que no sería capaz de tolerar la intensidad de todo esto ni un segundo más.

Pero no morí. De hecho, estaba empezando a sanar. Aquel infeliz «yo» de siempre estaba empezando a desmoronarse. Mi «no» a la vida ardía en llamas, se consumía, y mi verdadero yo comenzaba a cobrar vida. Desde lo más hondo de mi ser, algo estaba empezando a decir «sí»: «sí» a estar vivo, «sí» a no saber, «sí» a la alegría y al dolor de la existencia, «sí» al caos y la confusión que implica existir como un ser humano imperfecto, «sí» a la oscuridad y la luz. ¡«Sí» a todo!

Durante las semanas y meses que siguieron salí de la mente y entré en el corazón. Entré en contacto con la Presencia, el Ahora, una profunda e intensa Unidad con todas las cosas. Respiraba. Volvía a ser capaz de sentir el corazón, de sentir los rayos del sol que caían sobre mi rostro, de escuchar nuevos sonidos, de saborear de verdad lo que comía, de contemplar nuevos horizontes y nuevas posibilidades, de percibir nuevas sensaciones recorriendo mi cuerpo... Me sentía como un bebé, como alguien que estuviese experimentando el mundo por primera vez. En ocasiones esta sensación de estar vivo era tan intensa que pensaba que me mataría, que me dañaría de algún modo, que no podría manejarla, o que tal vez haría que me precipitase en una espiral descendente hasta un vacío del que nunca sería capaz de escapar.

Pero los sentimientos siempre son seguros. Son nuestras defensas las que nos causan tanto sufrimiento.

Lo diré una vez más. *Nuestros sentimientos, por muy intensos que sean, son seguros*. No son ellos los que nos causan tanto dolor y tanto sufrimiento, son las *tensiones añadidas* que desarrollamos en torno a nuestros sentimientos humanos, el hecho de negarlos y rechazarlos, nuestros esfuerzos inconscientes por destruirlos, aniquilarlos y purificarlos, el avergonzarnos de nuestra vulnerabilidad y el hecho de asfixiar a nuestro niño interior.

Instintivamente, comencé a «respirar a través» de todos mis sentimientos, pensamientos y deseos «insoportables». Si iba paso a paso, momento a momento, era capaz de soportar estos «monstruos», de sobrevivir a ellos, tolerarlos, permitirlos, e incluso de hacerme su amigo. Y cuando no podía permitirlos, cuando la resistencia que mostraba ante ellos parecía ser demasiado grande, cuando sentía una rabia volcánica en mi interior, cuando el dolor llegaba en oleadas y parecía que iba a partirme en dos, sentía que algo más grande o más elevado se encargaba de sostener estas emociones, de dejarlas ser; se trataba de algo antiguo, intenso, infinito, eterno, lleno de amor y totalmente incognoscible para la mente. **Lo cierto es que era capaz de soportar incluso los momentos que me parecían absolutamente insoportables. Había algo en mi interior que era indestructible, algo que no podía morir. Era tierno, vulnerable, receptivo y estaba radicalmente abierto, pero también era más fuerte, más sólido y más valioso que el diamante más precioso y más resplandeciente que mil millones de soles.** Estaba empezando a descubrir mi verdadera naturaleza; quién era realmente antes de que me enseñaran a desconfiar de mí mismo, antes de que me inculcasen todos esos condicionamientos de miedo y de odio, antes de la Caída. Estaba descubriendo mi verdadera identidad como la Presencia-Conciencia misma, como la luz que nunca se apaga, como el amor que nunca muere; el gran fuego inextinguible que llevamos en nuestro interior.

Una nueva esperanza estaba surgiendo en el núcleo mismo de mi herida de separación, culpa, vergüenza y abandono; la no-dualidad estaba emergiendo en el corazón de la dualidad; una nueva vida nacía en medio de la oscuridad, en el vientre de la bestia; una resurrección, un perdonar, una segunda oportunidad, un nuevo comienzo.

Había días que temblaba y convulsionaba del miedo que sentía; todo el miedo que nunca antes me había permitido sentir. Ahora, en lugar de alejarlo de mí, dejaba que me inundase, que circulase libremente por mi ser. Otros estallaba y soltaba toda mi ira a los cielos, los océanos y las montañas. Pronunciaba todas las palabras del niño interior que nunca antes había tenido voz; palabras que no eran «agradables», ni «espirituales», ni «amables», sino crudas, feroces, salvajes, auténticas y llenas de emociones. ¡Qué maravilla escucharme a mí mismo pronunciando al fin palabras auténticas, expresando mi verdad! Me pasé casi un año llorando a diario, dejando salir todas las lágrimas que nunca había podido llorar de niño, todas las lágrimas que había reprimido para no disgustar ni enfadar a nadie. A veces me reía como un bebé, me dejaba llevar por la risa tonta, a menudo sin razón alguna, hasta que casi no podía respirar. También hubo ocasiones en las que sentía una dicha extática y, al mismo tiempo, una terrible desesperación. ¡Me había convertido en un glorioso caos!, ¡en un embrollo salvaje, inconsistente, impredecible e incontrolable! Ahora había tanto espacio en mi interior, tanta vida... Tanto, tantísimo espacio. A veces toda esta energía liberada que fluía por mi interior me hacía pensar que me estaba volviendo loco. Hubo días en los que pensé en ingresar voluntariamente en un hospital psiquiátrico, pero quizá tengamos que volvernos «locos» para poder sanar. Tal vez la «normalidad» o la «conformidad» había sido la enfermedad que había estado sufriendo durante toda mi vida. Tal vez la camisa de fuerza de la «adaptación» por fin estaba ardiendo en llamas gracias a esta fiebre sanadora. Además, estaba aprendiendo a confiar nuevamente en mí mismo, a permanecer cerca de mi propia experiencia, sin juzgarla, sin tratar de arreglarla, sin tan siquiera intentar librarme de ella.

Estaba aprendiendo *verdadera meditación* del maestro de meditación más feroz y despiadado de todos: la vida misma.

Sobreviví a este proceso de muerte y renacimiento y empecé a ser capaz de tolerar pensamientos y sentimientos que antes me resultaban completamente insoportables. Recuperé nuevas fuerzas, encontré en mi propio interior un nuevo valor y empecé a descubrir una serie de recursos internos con los que no sabía que contaba.

Empecé a enamorarme nuevamente de la vida en este extraño planeta llamado Tierra. De la vida en su totalidad, de las alegrías y también de las penas, el aburrimiento, la confusión, la frustración, las dudas, los anhelos, la soledad... Ahora todo era sagrado. Todo lo amaba, todo me resultaba profundamente fascinante, como lo había sido en mis primeros años de infancia. Ya no quería liberarme de mis propios sentimientos; *quería sentirlos todos, experimentarlos todos, saborearlos todos*. Mis pensamientos ya no me asustaban. *Deseaba idear universos, crear galaxias enteras con la imaginación*. Volvía a ser un artista, como lo había sido cuando era muy joven y estaba enamorado de la totalidad de la creación, cuando veía la vida con nuevos ojos, unos ojos llenos de inocencia y asombro. Me había convertido en un vasto océano de Conciencia, había aprendido a amar todas las olas de los pensamientos, los sentimientos, las sensaciones...

Quería estar roto y unificado al mismo tiempo. Quería lo positivo de la existencia, pero también lo negativo. Quería la dicha, pero también la congoja y la angustia. Quería la expansión, pero también la contracción. Quería las «cimas», pero también los «valles» de la vida. Quería el deseo y la falta de deseo. Quería sentir y también sentir la ausencia de sentimientos. Deseaba ansiosamente todas las polaridades del ser, el yin y el yang, la comedia y la tragedia, la agonía y el éxtasis, la tormenta y el sol resplandeciente, los defectos y las imperfecciones y la insoportable perfección que todo lo envuelve. Quería mi ser en su totalidad, el desastre y el milagro, la suciedad y las estrellas. Quería integridad, completitud, plenitud. Sí, no felicidad, sino *plenitud*, un don mucho más valioso que la limitada noción mental de la felicidad.

Día a día, momento a momento, aliento a aliento, empecé a mostrarme a los demás, a dejar que me viesen por completo, que contemplasen todo mi ser.

Comencé a decir mi verdad. Temblando, sudando, con el corazón latiendo a cien por hora, a veces con la boca seca, otras con sensación de náuseas, abochornado y avergonzado de expresar mi verdad, pero, aun así, diciéndola. Mi verdad, esa verdad cruda, salvaje, confusa e incómoda.

Algunos «amigos» desaparecieron. Otros siguieron estando ahí. Entraron en escena nuevos amigos, nuevos «familiares», una nueva tribu que quería al nuevo yo en todo su divino caos. Querían que dijese cosas incorrectas, que cometiese errores, que mostrase mis extraños e incómodos sentimientos, que pronunciase palabras inconvenientes... E intentar amarme por todo ello, amarme tal como era.

En algún momento del proceso encontré el valor necesario para empezar a escribir sobre mi «despertar» –sobre mi baile con la muerte, la entrega a la vida y la pérdida de «mi antiguo yo»; mi senda sin senda hacia el lugar en el que siempre había estado–. Palabra a palabra, línea a línea, párrafo a párrafo, comencé a expresar por escrito mi más profunda verdad espiritual. Al principio temblaba de miedo (a fin de cuentas, no era escritor, y muchas veces no tenía ni idea de lo que estaba escribiendo ni de cómo ponerle palabras a esta experiencia preverbal del amor que sentía por toda la creación), pero había algo dentro que mí que me iba guiando, una especie de fuerza benévola ancestral que iba poniendo en mis manos el lenguaje necesario, que iba esculpiendo palabras en silencio y me hacía seguir adelante. Primero apareció un blog, luego un libro, y un buen día me vi delante de un pequeño grupo de personas en la sala de estar de alguno de ellos hablando sobre lo que había descubierto: la Presencia, la Profunda Aceptación, esta realidad no-dual, este espacio amoroso en el que todos los pensamientos y sentimientos son absolutamente divinos, en el que incluso el deseo de morir está impregnado de inteligencia, de conciencia, de vida. *¡Yo, que había sido la persona más acobardada de la tierra, compartiendo con otros desde lo más profundo de mi corazón! ¡Qué inesperado!*

Al poco ya estaba hablando ante miles de personas por todo el mundo en encuentros y retiros, en conversaciones individuales e incluso en transmisiones *online*, sin saber nunca qué diría, pero confiando en esta voz interior de todos modos; sin saber nunca qué enseñar o cómo ayudar, pero dejando que esta antigua enseñanza fluyese a través del canal abierto y transparente que yo mismo era. Sin plan establecido, sin tener ni la más mínima idea de lo que estaba haciendo, paso a paso, momento a momento, el camino se iba desplegando ante mí, y así nació el papel de «maestro». Aunque en realidad yo nunca me he visto a mí mismo como un maestro, sino más bien como un amigo y un aliado; alguien que no trata de arreglarte o de curarte, alguien que solo quiere conocerte y recibirte tal como eres, alguien que está aquí para recordarte algo que siempre has sabido.

Así que ahora me veo en este momento, escribiendo estas palabras para ti, querido lector, en una transmisión que va directamente de mi corazón al tuyo. Ha sido un viaje verdaderamente épico: *el retorno a la absoluta sencillez de este momento, al Jardín del Edén*, a este momento único e irrepetible de la vida, al lugar en el que vivíamos antes de que nos desviásemos inocentemente y cayésemos en las penurias del tiempo. A través de mis propios despojos, a través de las aguas fecales del inframundo, pasando por las puertas del terror y de la muerte del ego, para, finalmente, regresar al eterno Ahora. Cuanto más he aprendido a abrazar y calmar mis propios sentimientos de dolor, felicidad, soledad, ira, miedo, mis extraños, salvajes e incontrolables deseos, cuanto más he aprendido a abrazarlos, a ofrecerles mi amistad, a amar todas las enloquecidas voces de mi cabeza (sin confundirlas con la realidad), más capaz he sido también de aceptarlos y no temerlos en los demás, en ti, y por lo tanto de poder estar presente contigo y no intentar arreglarte, sino amarte, exactamente como eres. Tus anhelos son mis anhelos. Tus miedos también han recorrido mi ser. Tu dicha y tu desesperación me conmueven profundamente; aquí, me resultan sumamente familiares. Reconozco con claridad todas esas preguntas que te queman por dentro. Sé que son totalmente honestas. Tus dudas y tus incertidumbres resplandecen llenas de vida.

Al abrirme a mi propio dolor he descubierto también una gran compasión hacia la humanidad. Al ser capaz primeramente de tener compasión por mí mismo, he encontrado una gran compasión por los demás.

En todos mis conflictos, en todas mis luchas internas, nunca, ni por un solo instante, he estado solo. Nunca hubo nada «malo» en mí, nada «defectuoso», ni tampoco hay nunca nada «malo» en ti. No nacemos en el pecado, sino tan solo en el olvido. Nos enseñan a odiarnos a nosotros mismos, pero podemos desaprender esta forma de autoagresión. Podemos recordar, deshacer el olvido, despertar a lo que siempre supimos. Podemos curarnos del más profundo odio hacia nosotros mismos y del miedo a vivir. Podemos recuperarnos incluso de la más horrible depresión. En el corazón mismo de nuestra desesperanza se encuentra la semilla de una nueva esperanza, no arraigada en la mente y sus imágenes, sino en la realidad de la Presencia misma.

El viaje de la sanación no tiene que ver con «deshacernos» de las cosas que no deseamos, con desprendernos de todo el material «negativo» que hay dentro de nosotros y purgarnos hasta que alcancemos un «estado sanado» perfecto y utópico. No. Esa es solo la versión mental de la sanación, pero la sanación no es un destino. La verdadera sanación implica llenar de amor, presencia y comprensión ese mismo material «no deseado» que hay en nuestro interior; implica penetrar con una conciencia compasiva y misericordiosa en nuestras sombras más profundas, en nuestros dolores físicos y emocionales, en esas regiones ante las que hemos retrocedido por miedo y aversión; implica sentir una curiosa atención por el momento presente y volver a habitar en esas regiones rechazadas, no aceptadas, olvidadas y temerosas, en esos reinos del cuerpo y la mente que han quedado abandonados. Porque aquello a lo que prestamos atención, podemos amarlo.

Lo que vemos como «erróneo» o «defectuoso» dentro de nosotros (nuestros miedos, nuestras dudas, nuestra soledad) no es más que una parte de nuestro ser que reclama nuestra atención y nuestra ternura, como un bebé que grita y llora cada vez más fuerte hasta que consigue lo que quiere: amor. Es el amor (tierno, amable, atento, sin juicios, una conciencia cálida y curiosa) lo que realmente sana incluso nuestras heridas más profundas. A lo largo de este libro te invito de diversas maneras, por medio de las palabras y de los silencios que quedan entre ellas, a que regreses a esta vulnerabilidad, a esta ternura, a que recuperes esta forma suave y honrosa de reencontrarte contigo mismo, a que retornes a este amor radical hacia ti mismo, un amor hacia ti mismo que es sinónimo de *meditación*.

Si ya sigues alguna clase de práctica formal de meditación, espero que las reflexiones que encontrarás en las siguientes páginas te inspiren y te ayuden a profundizar en tu práctica (y, tal vez, también a ser consciente de algunos aspectos que has pasado por alto). Si, por el contrario, la meditación es algo nuevo para ti, si no has meditado nunca antes, ¡estupendo! A decir verdad, en esto de la meditación todos somos principiantes, porque la meditación tan solo significa mirar con nuevos ojos, ser consciente y estar despierto a *lo que es*, impregnar de atención plena nuestra experiencia encarnada, y esto solo puede suceder en la inmediatez y la novedad del momento presente.

Puedes dejarte caer confiadamente en el espacio que te ofrece la meditación dondequiera que estés y sea lo que sea que estés haciendo; en el autobús o en el tren, descansando con las piernas cruzadas y los ojos cerrados en la sala de estar de tu casa, caminando por el bosque o por un centro comercial, sentado en un banco del parque o en la sala de espera del médico... Puedes practicar solo o con otros. En cada momento de tu vida existe siempre la maravillosa posibilidad de aminorar la marcha, de disminuir la velocidad, respirar profundamente y sentir curiosidad por el lugar que ocupas. Es una oportunidad para empezar de nuevo, para ver la vida a través de los ojos del no-saber, para dejar de pensar en tu vida en abstracto, para dejar de buscar otro estado o experiencia u otro sentimiento, para dejar de correr apresuradamente hacia el momento siguiente y experimentar de verdad **este instante único de la existencia.**

Viajemos juntos ahora, de vuelta a la abundancia y la riqueza de la vida ordinaria. Paso a paso, respiración a respiración, latido a latido, a través de nuestros gozos y alegrías, a través de nuestros dolores, angustias y quebrantos, de nuestras depresiones, añoranzas y éxtasis, a través de nuestras heridas más profundas, a través de las grietas que llevamos en el corazón, dejando atrás cualquier idea sobre cómo «deberíamos» ser, desprendiéndonos de todas las guías, los libros de autoayuda y los libros sagrados de otros, incinerando todos esos mapas de la realidad de segunda mano que hemos heredado e iluminando con amor nuestra propia experiencia auténtica y de primera mano, en tiempo real, con el fuego de la conciencia presente.

Esta es la verdadera meditación, la clase de meditación que puede salvarte la vida:

Pura fascinación con este momento, exactamente tal y como es.

Si nos aquietásemos
y estuviésemos lo suficientemente preparados,
en toda frustración encontraríamos
algo bueno y positivo que la compensaría.

Henry David Thoreau

1. EL MILAGRO DE LA RESPIRACIÓN

En cualquier momento de la vida podemos tomar conciencia de nuestra respiración, la forma más poderosa de anclarnos en el Ahora de que disponemos.

Dondequiera que estemos, sea la hora que sea, independientemente de lo que esté ocurriendo en el mundo externo, siempre podemos mostrar curiosidad por el profundo misterio de la respiración, podemos sentir como su continuo subir y bajar nos llena de vida, su cadencia de expansión y relajación. Nos permite salir de la mente, abandonar la narrativa construida por el pensamiento sobre el pasado y el futuro y entrar en contacto con la frescura y la creatividad de un solo momento de respiración.

Solo por un momento, estate plenamente presente con la respiración a medida que esta asciende y desciende a su propio ritmo. Al tiempo que vas leyendo estas palabras, presta atención a las sensaciones del vientre y el pecho, sin intentar controlarlas o cambiarlas, sin tratar de respirar de una manera concreta. Fíjate en las sensaciones que te produce, en ese subir y bajar tan familiar del pecho y del vientre que, como si de olas se tratase, te han acompañado siempre desde que eras un niño. ¿Dónde sientes con más intensidad el ascenso o el descenso? ¿Puedes dedicar unos preciosos instantes a seguirla con tu atención, arriba y abajo, arriba y abajo?

Deja que la respiración sea como es. Subiendo y bajando, subiendo y bajando, como una ola en el océano. No intentes alterarla en modo alguno. Si es superficial, deja que sea superficial. Si es profunda, deja que sea profunda en este momento. Tanto si es apretada y contraída como si es suave y espaciosa, limítate a estar con ella igualmente. No trates de convertirla en algo que no es. No compares tu forma de respirar de hoy con la de ayer o la de mañana. Quédate con la respiración tal como es, en este momento, en esta hora, en este día.

Tan solo deja que la respiración sea natural, que el cuerpo respire por sí mismo. Suelta cualquier sensación que puedas tener de estar aguantando o reteniendo el aliento. Permite que suba y baje a su manera, a su propio ritmo.

¿Ves? Por un momento, mientras *prestas atención a lo que está aquí* (y no a lo que no está aquí), ¡no estás atrapado en la historia de tu vida que ha construido el pensamiento! Por un momento, te has desprendido de la mente, de toda esa narrativa tan compleja y dramática llamada «yo y mi vida», y te has adentrado en tu cuerpo vivo. Has abandonado el conocido y familiar mundo del hábito y el condicionamiento y has descendido a lo Desconocido, al gran Misterio viviente.

Ahora, cuando vuelvas a perderte en la locura del mundo, siempre puedes recurrir a la ayuda que te brinda la respiración.

Puedes invocar la gran pregunta eterna: «Respiración, ¿cómo estás ahora, justo en este momento?».

Puedes sentir al misterioso «Uno que respira» dentro de ti con la mayor ternura y fascinación.

Y sentir, en última instancia, que no eres tú quien respira, sino que *estás siendo respirado*.

2. CÓMO SE PRODUCE LA VERDADERA SANACIÓN

Muchos aprendimos en la infancia que no estaba bien experimentar (ni mucho menos expresar) ciertos sentimientos, ciertos estados de ánimo, ciertas sensaciones corporales, urgencias e impulsos, pensamientos, anhelos y deseos. Nos enseñaron a temer y rechazar algunas partes de nosotros mismos, a verlas como zonas «oscuras», «negativas», «sucias» o «enfermizas», incluso «pecaminosas». Aprendimos a desconfiar de nosotros mismos, a no fiarnos del momento presente. Nos hicieron creer que estábamos separados de todas las cosas, que estábamos escindidos o divididos de la Totalidad. Nos obligaron a comer del árbol del bien y del mal, a digerir los condicionamientos dualistas del mundo que nos rodea, a tragar ideas y conceptos de segunda mano sobre cómo «debíamos» ser. Esta fue nuestra inocente Caída desde el estado de Gracia. No fue culpa nuestra. No conocíamos nada mejor que eso.

De pequeñas, a las niñas les enseñaron que sus deseos y su ira, su frustración, su resistencia y su rebeldía, sus impulsos y sus fantasías sexuales no estaban bien, que no eran naturales, que eran malos, enfermizos, pecaminosos, peligrosos, vergonzosos, cosas que no eran «propias de una señorita». Por nuestra parte, a los niños nos enseñaron que no debíamos estar tristes o expresar nuestra vulnerabilidad, nuestros miedos, dudas, angustias y anhelos; que no estaba bien pedir ayuda, tener una necesidad o dar a conocer alguna limitación, compartir con los demás qué nos parecía bien y qué no. Aprendimos que si mostrábamos nuestro yo auténtico y vulnerable nos castigarían, nos pondrían en ridículo, nos compararían con los demás, o bien se reirían de nosotros, nos olvidarían o nos abandonarían. Nos enseñaron a confundir la vulnerabilidad con la debilidad y a tomar nuestra sensibilidad como algo de lo que avergonzarnos.

De este modo, ocultar nuestros verdaderos sentimientos, reprimir nuestro ser auténtico y crear un «yo» conceptual, una imagen, una *persona* (que significa literalmente 'máscara') o un personaje –convertirnos, en definitiva, en algo que no éramos– para conseguir el amor y la aprobación de los demás, pasó a ser una cuestión de necesidad, de supervivencia. Sí, para poder sobrevivir, para conseguir que nos diesen amor, hicimos todo lo que estaba en nuestra mano para derribar, reprimir, adormecer o destruir esas energías indeseables, «peligrosas, amenazantes e inseguras» que bullían en nuestro interior, deprimiendo así (es decir, hundiendo y rebajando) nuestro verdadero ser y creando un rol llamado «yo» con el que complacer al mundo, evitar los castigos, el ridículo o el abandono y conseguir que nos prestasen atención, que nos elogiasen, así como mantener nuestras relaciones primarias intactas. Nos convertimos en actores dispuestos a hacer lo que fuese necesario para distraer a los demás de nuestro «oscuro» interior. Pretendimos ser fuertes cuando nos sentíamos débiles, estar animados cuando nos sentíamos abatidos, seguros y confiados cuando en realidad estábamos asustados, prudentes y cautelosos cuando tan solo deseábamos expresar nuestra estupidez, nuestra espontaneidad y nuestra creatividad. En la medida en que reprimimos nuestro verdadero ser, todos tuvimos una infancia traumática y divisiva que nos dejó abatidos y deprimidos.

En nuestra pura inocencia, nos abandonamos a nosotros mismos a cambio de un poco de amor. Y es posible que incluso hoy día sigamos sintiendo que, en lo más profundo de nuestro ser, hay algo que está mal, algo erróneo, algo disfuncional o equivocado. En las profundidades de nuestro inconsciente, todos esos sentimientos «inaceptables, oscuros y deshonrosos» aún siguen supurando, drenando nuestro espíritu y nuestra energía vital, haciendo que nos sintamos cansados, deprimidos, letárgicos, ansiosos y desconectados de la vida y de los demás. Estas energías reprimidas y no sentidas pueden volverse destructivas y causar estragos en nuestro sistema inmunitario, dando lugar a toda clase de enfermedades físicas y mentales. Es posible que simplemente nos sintamos «muertos en vida» sin que sepamos por qué. Quizá, en un intento por encontrar un alivio o un descanso temporal de nosotros mismos, recurramos a alguna clase de adicción o de comportamiento compulsivo (el alcohol, las drogas, el sexo, Internet, la televisión, las compras, pensar en exceso, trabajar demasiado, etc.).

Como dice Jesús en el Evangelio de Tomás:

> «Si no sacas a la luz lo que está dentro de ti, eso que permanece inexpresado te destruirá».

Estaba describiendo perfectamente lo que es la experiencia del trauma.

Jesús también dijo:

> «Si sacas a la luz lo que está dentro de ti, eso que expresas te salvará».

A través de este «sacar a la luz» que limpia nuestras heridas con conciencia amorosa y que constituye la esencia de la auténtica meditación, incluso el dolor o el trauma más profundo pueden transformarse en un bálsamo, en una cura.

En presencia de un buen amigo, de un terapeuta en el que confiemos, de Dios, de nosotros mismos, de las montañas, de la inmensidad de los océanos, o incluso de algún animal que nos ofrece su amor y su amistad, podemos encontrar el valor necesario para dejar que nuestra persona se «derrumbe», reconectar con esas partes no amadas de nosotros mismos y «sacar a la luz» esas sombrías energías escindidas, bañándolas de este modo con la Luz de la Conciencia. Podemos arriesgarnos a sentirnos más incómodos, más asustados, más desamparados, indignos, enojados y caóticos que nunca. Podemos correr el riesgo de vernos a nosotros mismos y de que los demás nos vean a su vez. Perder la imagen. Salir de la clandestinidad. Abandonar nuestro escondite. El caos reprimido, el desorden, el niño perdido, esa parte de nuestro ser que ha sido «victimizada», puede ahora regresar al momento presente. Y esta vez, en lugar de recibir oprobio, de ser juzgado, ridiculizado y atacado, *ese mismo material puede recibir nuestro abrazo, nuestro amor, aliento, comprensión, atención y curiosidad*. Toda la energía vivificante que ha quedado atrapada en la coraza de estas emociones reprimidas puede ahora volver a verterse en nuestro cuerpo; toda la creatividad de la ira, de la tristeza, la culpa, el miedo y la alegría puede ahora inspirarnos, darnos fuerza, hacer que volvamos a sentirnos plenos, completos, poderosos y vivos de nuevo. Las mismas energías que antes amenazaban con destruirnos (nuestra ira, nuestro miedo, nuestro dolor, nuestros deseos más profundos, extraños y creativos) pueden ahora convertirse en nuestros mejores maestros, amigos y guías; en fuente de nutrición e inspiración.

Según va teniendo lugar este proceso de reintegración y sanación, ¡es posible que ni tan siquiera podamos seguir manteniendo esa imagen del «practicante espiritual sereno, calmado y dueño de sí mismo»! Quizá nos dé por gritar, por empezar a dar sacudidas, por llorar, sudar, pronunciar palabras nuevas y sorprendentes, o por caer al suelo de puro agotamiento o de pura gratitud. Tal vez parezca que estamos destrozados, que estamos llenos de confusión o que nos hemos convertido en unos «locos salvajes». Puede que sintamos y pensemos cosas que no nos parezcan en absoluto «propias de nosotros», que nos dé la sensación de que estamos a punto de morir, de volvernos completamente locos o de perdernos a nosotros mismos por completo... Personas que creímos que eran nuestros amigos tal vez salgan corriendo despavoridas ante el desorden anárquico en el que nos hemos convertido, o quizá se limiten a avergonzarse de nosotros, o a tratar de «salvarnos» (por supuesto, para salvarse a ellos mismos de su propia incomodidad). Nuestra vida externa puede desmoronarse, caer en pedazos, las relaciones pueden romperse, nuestros antiguos puntos de referencia pueden desaparecer. Pero también es posible que aparezcan nuevos amigos, nuevas familias, nuevos amantes que nos apoyen en nuestro proceso, que nos ayuden a permanecer presentes con nosotros mismos mientras nos desmoronamos, que nos acompañen en nuestra caída y nos ayuden a volver a enamorarnos de nuestra naturaleza salvaje. A medida que regresamos al Jardín del Edén. A medida que, pasito a pasito, día a día, vamos descubriendo quién somos.

En medio de esta crisis curativa, en cualquier momento podemos dejar atrás nuestra historia personal y retornar a la simplicidad, al espacio siempre presente de la meditación. Podemos sentir los pies firmemente anclados en el suelo, respirar, dejar que todas esas energías antiguas y poderosas fluyan a través de nuestro ser, como el cielo atávico que permite que se desarrolle una tormenta en su seno. Momento a momento, podemos empezar a confiar en el cuerpo y sus misterios, recordar nuestra Capacidad Divina –la enorme cantidad de vida que podemos contener; dolorosa y placentera, violenta y benévola, positiva y negativa, sagrada y profana–. Todos los pensamientos y sentimientos encuentran su hogar en nosotros. Todas las partes de nuestra humanidad son sagradas, naturales e igualmente merecedoras de nuestro amor.

Podemos contenerlo todo, abrazarlo todo, desde la alegría más colosal hasta la más profunda desesperación. Como una madre que sostiene en su regazo a su recién nacido. Como la tierra, como el suelo que ahora te sostiene mientras lees estas mismas palabras en este libro tan común y corriente, en este día tan ordinario, en este Ahora milagroso, en la escena presente de esta vida preciosa, única e irrepetible que se te ha concedido.

Ahora mismo, en este preciso instante, ¿qué ves?, ¿qué oyes?, ¿qué sientes? Presta atención, solo por un momento. ¿Te sientes tranquilo?, ¿tenso?, ¿cansado?, ¿expansivo? *No pienses. Solo observa*. ¿Hay un cierto sentido de lucha o de conflicto en tu interior? ¿O quizá de anticipación? ¿Te sientes vacío?, ¿lleno? ¿Hay emoción, tristeza, sensación de soledad, de ansiedad, de alegría...? ¿Está tu mente tranquila o ajetreada? ¿Cómo es estar sentado en esa silla, estar tumbado en esa cama, o estar de pie donde sea que estés? ¿Cómo es respirar ahora, cuando respiras? ¿Es una respiración lenta o acelerada, profunda o superficial?

Solo por un momento, ¿puedes bendecir con toda tu atención lo que sea que esté vivo aquí, ahora, en este preciso instante? ¿Puedes estar aquí, presente con esta ansiedad, sin intentar arreglarla ni modificarla en modo alguno? ¿Puedes permanecer con este vacío sin tratar de llenarlo? ¿Puedes impregnar esta soledad, esta alegría, estas dudas, con una atención plena y libre de juicios? ¿Puedes contemplar este momento presente como un artista contemplaría su objeto de estudio, como un amante contemplaría a su amada (no como algo que modificar o arreglar, sino como algo completo y fascinante en sí mismo)? Y, si no eres capaz de estar aquí, si no puedes encontrar un espacio en tu interior que lo permita todo, ¿puedes permanecer con ese sentimiento de inquietud, resistencia, frustración o rechazo solo por un momento, sin tratar de solucionarlo, de arreglarlo, de trascenderlo ni de hacer que desaparezca...?

3. DE LA DEPRESIÓN AL DESCANSO PROFUNDO

Todos los seres humanos de este planeta, por muy felices que parezcan exteriormente, están hasta cierto punto deprimidos, «presionados» por el falso yo, exhaustos a un nivel anímico muy profundo por sus intentos frustrados de mantener una cierta imagen, de interpretar un personaje que no es quien realmente son.

Sencillamente anhelamos dejar de actuar y volver a ser auténticos. Ansiamos despertar de la representación que supone la separación, quitarnos los disfraces y el maquillaje y romper en pedazos el guion que nos ha impuesto nuestra familia y nuestra cultura, y simplemente ser. Cuando reprimimos nuestros verdaderos sentimientos, deseos, impulsos y anhelos, cuando los relegamos al inconsciente y vivimos en este mundo como una máscara, representando una especie de versión en dibujos animados de nosotros mismos, como una caricatura de lo que somos realmente, nos deprimimos, nos aletargamos, nos insensibilizamos e incluso empezamos a albergar pensamientos suicidas.

En ese sentido, la experiencia de la depresión no es un error, sino un proceso profundamente inteligente; es una llamada de atención. La depresión es una invitación antigua (y, sin embargo muy mal entendida) a regresar a un estado de descanso profundo, a volver a la lentitud, a la presencia, a la verdad. Es una llamada a salir de la mente y sus miedos, ansiedades y resentimientos y habitar de nuevo en el cuerpo vivo, en sus sentidos y su espontaneidad. Es una exhortación a «matar» al falso yo, ese personaje que hemos estado interpretando, y ser exactamente lo que somos. A desprendernos de la imagen. A dejar de huir del momento vivo, del momento presente. A entrar en contacto con nuestras heridas y nuestros traumas con una enorme apertura y delicadeza. A impregnar conscientemente nuestra experiencia íntima, nuestra experiencia de primera mano, con nuestra amorosa atención. A despertar a nuestra rabia resplandeciente, a nuestro asombroso dolor y a nuestros increíbles miedos ocultos. A recorrer nuestro camino, a seguir adelante con valentía y coraje. A expresar en voz alta nuestra verdad única y singular. A dejar de hundir o de relegar a las profundidades esa parte creativa e indómita que llevamos dentro. A salir de nuestro refugio y dejar que nos vean. A morir a lo falso y despertar a lo real.

Mi depresión suicida y mi desesperación existencial terminaron salvándome la vida con creces al empujarme a emprender esta vía de sanación. La depresión fue la invitación única y particular que recibí para descubrir la más profunda clase de descanso cósmico en mi propio interior. Les estaré eternamente agradecido a los dioses del inframundo por hacerme tan desdichado que empecé a cuestionarme por quién me tomaba, quién creía ser, y a enamorarme de la situación en que me encontraba.

No tuve que destruir mi cuerpo ni matar mi mente. Lo único que necesitaba era matar la imagen que tenía de mí mismo, dejar de confundir esa imagen de lo que «yo» creía ser con quien realmente era. Necesitaba cometer el «suicidio» espiritual y compasivo de enamorarme del momento presente. Esta es la gran paradoja del despertar: para vivir de verdad, antes tenemos que «morir». Para poder emerger como lo que realmente somos hemos de «matar» (es decir, de soltar o dejar ir) todo lo que no somos. Debemos morir a la falsa idea de que no somos Uno con las estrellas, la luna, las golondrinas que migran al amanecer, la lavanda silvestre, el brezo y la rosa de las montañas.

4. DEJA DE ESPERAR QUE LLEGUE LA ABUNDANCIA

Cuando eras pequeño te encantaba soñar y dejar que los sueños desapareciesen por sí mismos. Vivías en el Ahora.

Sin embargo, a medida que fuiste creciendo, empezaste a tomarte tus sueños, tus metas y tus objetivos demasiado en serio, por lo que tu felicidad quedó ligada al futuro y los objetivos que querías alcanzar pasaron a ser más importantes que el viaje en sí.

Simplemente olvidaste lo precioso que era estar vivo, en cada momento.

Sueña con lo que quieres, por supuesto. Puedes tener una visión de un futuro extraordinario para ti, claro que sí, pero también has de aprender a desprenderte de esos sueños, a soltarlos y dejar que pasen, a permitir que sigan su curso flotando en el curso del río de la vida y, después, volver a centrar tu atención en el lugar en el que todos los sueños empiezan y terminan, ahí donde nacen y mueren: el momento presente. No tomes un sueño o una esperanza como excusa para desconectarte del lugar en el que te encuentras, porque el espacio que ocupas en este momento es muchísimo más valioso.

Aprende a amar el lugar en el que estás. Presta atención al ínterin, a esos momentos intermedios que se dan entre una acción y la siguiente. Acoge con los brazos abiertos los pasos ordinarios del camino, esos momentos de «nada», los instantes aparentemente intrascendentes de la vida, los momentos en los que nada destaca, en los que parece no ocurrir nada en absoluto. Aprende a amar esa nada, la deliciosa sensación de esperar, añorar, anhelar, buscar y anticipar «lo siguiente». Aprende a danzar y respirar en el espacio que queda entre el querer y el conseguir, entre el soñar y el cumplimiento de los sueños. Aprende a amar el hecho de no tener lo que quieres en este momento, a apreciar y valorar las escenas de la película que quedan entre las partes más dramáticas y emocionantes; la tremenda sensación de potencial que bulle en ese espacio, su belleza y su plenitud, la deliciosa sensación de ausencia, el vacío fértil, encinto, el «algo» de la nada.

Date cuenta de que la falta o la carencia no es más que un espacio al que nos resistimos, y que incluso el sentimiento de «incompletitud», de vacío, está plena y totalmente completo. No es más que un visitante al que dar la bienvenida de todo corazón. Respira llevando el aire al vientre, al pecho, a tu agotada cabeza. Impregna esa sensación de «falta» con tu presencia consciente, con tu curiosa atención. Llena de luz el cuerpo y toda su solidez y pesadumbre, inúndalo de atención, cólmalo de amor. Siente el peso y la plenitud del torso, de los hombros, del cuello, de las piernas... De todo el cuerpo, tan lleno de sensaciones y de la quietud que se da entre ellas.

Incluso cuando no tienes lo que quieres, estás invitado a querer estar exactamente dónde estás, a enamorarte del lugar que ocupas, justo ahí donde estás, de pie o sentado, a desearlo, a contactar con ese terreno fértil mientras esperas, o incluso a olvidarte de esperar y simplemente saborear los momentos únicos e irrepetibles que se van desplegando en esta misteriosa película llamada «tú».

Abre los brazos en gratitud, listo para recibir lo que venga, listo para bendecir lo que se vaya. Esta es la invitación que te hace la verdadera meditación.

Porque, a veces, incluso el «no conseguirlo» puede estar plenamente lleno y completo por sí mismo.

¡He aquí tu vida llena de abundancia!

5. ¡NO INTENTES ARREGLARME! EN LUGAR DE ESO, ÁMAME

Por favor, no intentes arreglarme. No estoy roto. No he fracasado. No te he pedido ninguna solución.
Cuando intentas arreglarme activas de forma involuntaria sentimientos profundos de indignidad, frustración y fracaso en mí. Incluso me creas dudas sobre mí mismo que me hacen pensar en el suicidio. No puedo evitarlo. Siento como si tuviese que cambiar para poder complacerte, transformarme solo para poner fin a tu ansiedad, corregirme para que desaparezca la resistencia que muestras hacia mi forma de ser. Y sé que no puedo hacer eso. Al menos no con la urgencia con la que quieres que lo haga. Cuando intentas corregirme me pones en una situación imposible. Me siento sumamente impotente.

¡Sé que tus intenciones son buenas! ¡Que lo haces por amor! Soy consciente de que lo único que quieres es ayudarme, ser de utilidad. Cuando te encuentras con alguien que sufre deseas poner fin a su dolor. Quieres animar, despertar, proteger, educar, inspirar. Realmente crees que eres una persona positiva, compasiva, desinteresada, agradable, buena, amable, pura, espiritual... Pero, amigo mío, sinceramente quiero que sepas que en realidad me siento muy mal cuando tratas de «amarme» en esa forma tan antigua y caduca. Siento que cuando tratas de arreglarme lo único que intentas conseguir es aliviar tu propia tensión. Siento que me tratas como si fuese un objeto roto o destartalado que hay que reparar.

Bajo el pretexto de ser «amable», «útil» y «espiritual», yo siento que me asfixio, que me falta el aire, me siento rechazado, humillado, no querido. ¡Tu amor hace que me sienta abandonado! ¿Comprendes? Me da la sensación de que en realidad no te preocupas por mí. En la superficie por supuesto que así parece ser, pero en mi fuero interno siento como si te estuvieses aferrando a una imagen concreta de cómo debería ser yo. Tu imagen. ¡No la mía! Aparenta ser tu amor, pero yo lo siento como tu violencia. ¿Entiendes lo que trato de explicar?

En el momento mismo en que dejas de intentar «ayudarme», ¡te conviertes en la mejor ayuda posible para mí porque entonces dejo de tratar de cambiar para complacerte! Me siento nuevamente a salvo, respetado, honrado y tomado en cuenta por lo que soy. Puedo regresar a mi propio poder subjetivo. Puedo volver a confiar en mí mismo (del mismo modo que tú, ahora, confías en mí). Puedo relajarme profundamente.

Sin tu presión, sin la exigencia que impones sobre mí para que me abandone a mí mismo y sea diferente, para que me transforme en un yo «mejor» –sanado, compuesto, despierto, iluminado–, es cuando puedo mejorar realmente, cuando puedo descubrir mi propia autoridad, encontrar mi poderosa presencia. Me siento lo suficientemente seguro como para permitir y expresar mis verdaderos sentimientos, pensamientos y deseos, para fiarme de mis propias percepciones. Ya no me siento ahogado, una víctima, un niño pequeño ante ti, el adulto experto. Despierta el valiente guerrero que mora en mi interior. Respiro más profundamente. Siento mis pies firmemente plantados en la tierra. Una amorosa atención impregna toda mi experiencia, incluso aquellas partes que me resultan más molestas o desagradables. Mis sentidos se desentumecen. Comienzan a emerger energías sanadoras desde lo más profundo de mi ser. Me siento ligero, libre, liberado de tu desaprobación. Dejo de sentirme avergonzado de mí mismo para sentirme respetado, como un ser vivo al que no se puede comparar con ninguna imagen.

¡Me ayudas tanto cuando dejas de intentar ayudarme, amigo mío! Necesito encontrar mis propias respuestas, mi propia verdad, no la tuya. Quiero un amigo, alguien real que esté presente, que me sostenga mientras me desmorono y comienzo a sanar, y no un experto, un salvador, alguien que intente detener este proceso.

Y, ¿te das cuenta de que cuando estás tratando de salvarme, en realidad te estás abandonando a ti mismo? Estás huyendo de tu propio malestar, de tu propio potencial aún por manifestar y, en lugar de encararlo, te centras en el mío. Así me convierto en tu mayor distracción, y no quiero seguir siendo eso para ti...

Dejemos de intentar arreglarnos, corregirnos o salvarnos. En vez de eso, amémonos los unos a los otros. Honrémonos y respetémonos mutuamente. Bendigámosnos. Apoyémonos. Tal como somos. Como somos real y verdaderamente.

6. SI TE SIENTES TRISTE

Que te sientas triste no quiere decir que estés en modo de «baja vibración», que estés enfermo, que algo esté mal en ti, que no estés iluminado o que te quede mucho camino por recorrer para poder sanar. No estás «encerrado en tu ego» o atrapado en el «yo separado». No estás siendo negativo, ni tampoco necesitas que te arreglen o te reparen, porque la tristeza no es un error; no es más que la vida que fluye a través de ti, y la vida jamás puede ser un error.

Simplemente te sientes triste, eso es todo.

Es un estado emocional más que se despliega en la viva y vibrante pantalla de cine de la presencia, solo eso.

No es un problema que requiera una solución, o una herida a la que tengas que «poner una tirita». Es una parte sagrada y preciosa de tu deseo de amor, aceptación y descanso.

Hoy has recibido la bendición de la tristeza. Te ha elegido para establecer su morada en ti, así que no huyas, no te escapes ante la visita de un invitado tan valioso.

7. RELÁJATE, TÚ NO ERES EL HACEDOR

¿Qué es el estrés? Es la tensión que estableces entre cómo es realmente este momento y tu imagen mental de cómo «debería» ser. Es el enfoque estrecho y limitado que no te permite ver más allá de una lista mental de «cosas pendientes de hacer», la carga imaginaria de «todas las cosas que aún no has hecho», de «todas las otras cosas que deberías estar haciendo», de «todas las cosas maravillosas que te estás perdiendo».

El estrés siempre implica pensamientos sobre el pasado o el futuro, un olvido de tu verdadera Raíz y del único lugar en el que tienes algún poder: este momento, aquí, hoy, ahora.

Cuando dejas de poner la atención en lo que no está presente y la diriges a lo que sí lo está (es decir, cuando pasas de «carecer» a lo que se da en este momento de forma abundante; cuando, en lugar de tratar de cumplir con todos los puntos de un listado infinito de cosas por hacer, simplemente haces lo siguiente, la única cosa que se presenta en este momento, esto, lo que está aquí, con toda tu atención, tu pasión y tu presencia) todo se va haciendo y completando sin ningún esfuerzo (en un sentido más profundo, las cosas se hacen por sí mismas).

Así que relájate. Tú no eres el hacedor.

8. RUPTURA Y RESTABLECIMIENTO

Cuando nuestros planes y nuestros sueños se desmoronan, ¿qué es lo que no sucumbe?

Primero se produce una ruptura. El *statu quo* se quiebra. Las antiguas seguridades se desmoronan. Las viejas heridas reaparecen, el cuerpo-dolor vuelve a mostrarse, todos esos traumas largamente enterrados resurgen de las profundidades del inconsciente. Te sientes desorientado, desamparado, sin hogar, sin saber a dónde acudir. Un viejo mundo se ha derrumbado, pero el nuevo no se ha formado aún.

Te encuentras con el extraño espacio del Ahora, con la presencia pura y cruda. Tus antiguos sueños ya no te protegen. No tienes nada a lo que agarrarte. Aquí, incluso tus anticuados conceptos sobre Dios se desintegran.

Pero entonces te acuerdas de respirar.

Regresas a la seguridad del momento presente, vuelves a sentir tus pies plantados con firmeza sobre el suelo, vuelves a percibir plenamente el peso de tu cuerpo y, en lugar de perderte en la locura de la mente, ahora te limitas a observarla. Contemplas cómo tus pensamientos dan vueltas y más vueltas fuera de control, pero tú, como conciencia, no giras de forma descontrolada con ellos. Puede que parezca que el mundo entero está fuera de control, pero tú no lo estás. **Tú no eres la mente que cambia sin cesar, sino el observador inmutable de dicha mente, y comprender esto lo cambia todo.**

Entonces puedes sentir de verdad lo que sea que estés sintiendo en este momento. Puedes sentirte asustado, enfadado, iracundo, insensibilizado, triste, solo, aislado, inseguro... Lo que sea. En el día de hoy te comprometes a sentir plenamente, a no huir de lo que sea que aparezca. Un sentimiento no es más que eso, un sentimiento: una energía que fluye, y no una realidad sólida, por lo que la presencia puede acogerlo en su seno a medida que pasa. Sollozas, lloras, te lamentas, gritas... Estás sanando. Te has quebrado para esto, para poder sanar, te has roto para poder recomponerte. Hoy (el único tiempo que existe) todas esas viejas energías han vuelto a aparecer en la superficie únicamente para recibir la bendición de tu amor, tu aceptación y tu ternura.

Has de ocuparte de la vida momento a momento. Te ruego que no lo olvides.

No puedes regresar a cómo fueron las cosas en algún momento del pasado. No puedes borrar o pretender no haber visto las cosas que has visto, pero lo que sí puedes hacer es estar presente, ahora mismo. Y ahora puedes afrontar cada paso que des conscientemente, no de forma automática; con atención plena y con cuidado, y no sin fijarte y como por costumbre. Estando agradecido por cada momento extra que estés vivo. Dando gracias por el aire, por la lluvia, por la inmensidad del cielo, por los pies, las piernas y la columna vertebral que te mantienen erguido. Sintiéndote agradecido por contar con esos brazos, por todo lo que te permiten sostener y cargar de un lado a otro. Dando gracias al corazón por todo lo que soporta cada día. Agradeciendo a los hombros, al cerebro, a los pulmones, a los músculos, a todos los órganos internos, tan llenos de misterios indescriptibles.

Ahora, en este momento, mantente cerca de ti mismo a medida que tu viejo mundo se va desmoronando. Recorre este camino nuevo y desconocido con confianza y valor. Despacio, con mucha atención, con cuidado. Poco a poco, vete penetrando en tu nueva vida. Y, a cada paso, repara tu mundo familiarizándote con cada momento.

9. TU OTRA MITAD

«No puedo vivir sin ti».
«Tú me completas».
«Sin ti no soy nada».
«No me dejes nunca».

Te vendieron una hermosa mentira sobre el amor, pero, ya ves, nadie va a venir a salvarte. Ningún príncipe a caballo, ninguna Julieta, ninguna «persona especial», ninguna madre sustituta, ningún Mesías, ningún salvador, ningún Dios que despeje todas tus dudas, tu dolor, tu sensación de vacío, ese sentimiento de separación y abandono que desde que eras joven sientes en las entrañas. Nadie más puede sentir, integrar y metabolizar tus sentimientos por ti. Nadie puede vivir y morir por ti. Nadie tiene el poder o la capacidad de distraerte permanentemente de tu viaje interior. Nadie puede poseerte ni tampoco ser tu propiedad. Nadie puede completarte. Nadie va a venir a salvarte. Es una noticia tan terrible como maravillosa.

¿Te das cuenta? Tu otra mitad, tu completitud, tu salvación, tu propósito último y supremo en esta vida, no está fuera de ti, sino en lo más profundo de tu interior. Vive en ti como tu propia y cálida presencia, arde como el sol dentro de ti.

Hay tantísima gente buscando amor, o tratando de aferrarse a un amor que parece escurrírsele entre los dedos... O quizá sientan que han perdido el amor y estén tratando de recuperarlo huyendo de sentimientos incómodos de exclusión, aletargándose con más sueños, huyendo cada vez más lejos de sí mismos en busca de algo que jamás alcanzarán, soñando aún con esa «persona única y especial» que los completará, que les proporcionará una vida de seguridad psicológica, que será la madre o el padre perfecto que nunca tuvieron en este planeta.

Por supuesto, eso no es amor. Eso es miedo, una huida urgente de la soledad.

Sencillamente nunca nos han enseñando a estar solos.

Si puedes encontrarlo o perderlo, si puedes estar «dentro» o «fuera» de él, si te lo pueden entregar o quitar, si tienes que luchar por él, suplicar y manipularte a ti mismo o a los demás para conseguirlo, si sientes que te has vuelto digno de él, que lo mereces, que te lo has ganado, si te aferras a él, e incluso si es algo que tienes que «entender», entonces se trata de la versión mental del amor. Es una mentira, no la realidad.

Si amas, estás presente. Eso es todo. El amor es simple y amable y no requiere ningún esfuerzo. Si amas a alguien, estás presente con esa persona, tan presente como lo estás contigo mismo; tan presente como el sol en el cielo, a pesar de las nubes, las tormentas, y el clima siempre cambiante.

Así que no confundas el amor con el deseo. El deseo viene y va. Si no arde con intensidad, su llama se apaga. El deseo no es consistente (como sí lo es el amor).

No confundas el amor con la atracción. La atracción es hermosa, pero aparece y desaparece, llega y se va como las olas del océano. Cambia con las estaciones, con los días, las horas... Cambia a cada momento. No está siempre presente (como sí lo está el amor).

No confundas el amor con sentimientos cálidos y agradables, con sentimientos producidos por sustancias químicas, con la sensación de «estar enamorado». Los sentimientos placenteros se convierten en sentimientos dolorosos con mucha rapidez. El amor no es ni el placer ni la angustia, ni el éxtasis ni el dolor; es el espacio que perdura, incluso cuando la felicidad se desvanece y da paso a la desesperación. Es el campo en el que pueden darse todos los sentimientos.

No confundas el amor con la necesidad urgente de poseer o de ser poseído por alguien. El amor no es el enamoramiento. No es obsesivo ni compulsivo. No se aferra a nada, no posee nada. Es ingrávido, transparente, claro y sin forma. El amor no dice: «Te necesito para ser feliz, para poder estar alegre, para que mi vida esté completa». No; amor es sinónimo de libertad, de tener el corazón abierto de par en par, de albergar la voluntad de sentir todos y cada uno de los sentimientos que aparezcan, de pensar todos y cada uno de los pensamientos que surjan...

El mito más peligroso es aquel que nos hace creer que alguna otra persona tiene el poder o la capacidad de «hacernos felices». No, no. La felicidad, la verdadera felicidad (la clase de felicidad que no se puede comprar, vender ni empaquetar pulcra y esmeradamente), es idéntica a tu propia presencia, y eso nadie puede dártelo ni quitártelo. Es atemporal, no tiene edad ni forma, y sin embargo es tan sólida y real como la experiencia de leer estas palabras que estás teniendo en este momento.

Si buscas en otra persona tu felicidad, siempre dependerás de ella, siempre tendrás miedo de perderla y, por debajo de tu supuesto amor, siempre resonarán la ansiedad y el resentimiento. Te adaptarás con el fin de complacerla, procurarás mostrarte insensible ante tus pensamientos y sentimientos más incómodos, tratarás de evitarlos o de no darles importancia, te volverás ciego a la verdad y vivirás inmerso en la fantasía y la esperanza. Te estarás haciendo infeliz a ti mismo para conseguir su amor, para mantenerlo, para lograr que esa persona no pierda su interés por ti. Te harás infeliz a ti mismo tratando de hacer feliz a esta otra persona... O quizá te fuerces a ser feliz. Pero eso no es amor, es adicción;

adicción a una persona y a una idea. Es miedo disfrazado de «romance». Es mentira.

Sin embargo, lo que subyace siempre en toda adicción es el anhelo de regresar a nuestro hogar, de volver a nuestra Madre en el sentido más profundo de la palabra.

Por lo tanto, procura encontrar dentro de ti mismo tu más profundo sentido de hogar, de plenitud, de reposo. Haz que tu propio cuerpo sea tu hogar y tu madre, que tu aliento sea tu padre, que tu vientre sea tu amigo más querido a medida que se eleva y desciende con la respiración en el momento presente. Tus manos, tus hombros, las sensaciones que recorren tu rostro, el peso de la ropa, los sonidos de la mañana, de la tarde, de la noche... Haz que todas estas cosas sean tus amantes. Busca tus cimientos en el sentido mismo de estar vivo, en la mirada de un amigo, en los sonidos del tráfico matutino, en el olor del pan recién horneado, en los anhelos, las emociones y el hastío que te acompañan cada día. Y, una vez que te hayas establecido en ese lugar de presencia, procura pasar tiempo con otras personas que te nutran, que te hagan crecer, que te ayuden a sentirte vivo, que empaticen contigo y puedan dar validez a tus preciosos sentimientos. Cuando no tratas de ganar o de conseguir el amor, cuando no te alejas de tus propios sentimientos incómodos, puedes permitirte amar y ser amado de verdad.

Invita a los demás a tu espacio amoroso. Deja que se queden, que se vayan, honra su camino y recorre el tuyo propio con valentía y coraje, pero no te creas ni por un solo instante la mentira de que la salvación se encuentra en cualquier otro lugar que no sea el corazón mismo de tu exquisita presencia, el lugar en el que no hay nadie a quien salvar ni nadie que tenga que asumir el papel de salvador. El lugar de la verdadera meditación. El lugar en el que entras verdaderamente en contacto con la vida y en el que, a su vez, la vida entra en contacto contigo y te impregna momento a momento.

Porque tú eres El Uno, tu mejor amante, tu mayor compañero, amigo, gurú y Madre. Así que, cuando te despiertes por las mañanas y cuando te vayas a dormir por las noches (y con cada inspiración y espiración), puedes decirte a ti mismo:

«No puedo vivir sin mí».
«En todo momento, me completo a mí mismo».
«Sin mí no soy nada».
«Donde yo empiezo, empieza la vida…».

10. EL SILENCIO ENTRE NOSOTROS

En algunas culturas amerindias se considera de buena educación esperar varios minutos antes de responder a una pregunta o de empezar a hablar en una conversación. Según esta visión, responder demasiado pronto equivale a comportarse de un modo grosero, pues indica que obviamente no hemos escuchado a la otra persona.

A muchos de los que vivimos en el mundo moderno hasta unos breves instantes de esa clase de silencio durante una conversación nos resultarían desconcertantes, incómodos, incluso embarazosos. En ocasiones hablamos no porque tengamos algo importante, auténtico o sincero que decir, ni porque queramos hablar realmente, sino porque sentimos que debemos hacerlo. No hablar nos hace sentir incómodos, nerviosos, ansiosos. Hablamos para evitar el vacío, para silenciar el silencio, para distraernos de la ausencia extraordinaria que late en el corazón mismo de la vida. Hablamos para huir de nosotros mismos y de los demás.

Así que aquiétate, amigo mío. Sal de la cabeza y entra en el cuerpo. Dedica unos minutos tan solo a percibir con claridad los sentimientos que tienes cuando mantienes una conversación. Si es necesario, date permiso para sentirte incómodo, vulnerable, incluso un poco tembloroso, en el seno del silencio. No es más que un sentimiento. No te hará daño. Puedes soportarlo –y, en todo caso, el silencio siempre lo contendrá–. Acepta el riesgo de que la otra persona se percate de que te estás sintiendo incómodo, que crea que eres aburrido o extraño, o que sencillamente piense que no tienes nada que decir. ¡Al menos estarás siendo real! Al menos no te estarás escondiendo detrás de un muro de palabras. Al menos estarás intentando conectar de una manera mucho más profunda. Al menos tendrás el valor de sentirte incómodo y no apartar la mirada de ese sentimiento, de no abandonarte cuando más te necesitas a ti mismo.

En el día de hoy, asegúrate de incluir un poco de espacio en tus conversaciones. Escucha. Espera. Escucha un poco más. Ábrete a la incomodidad. Responde desde el corazón, no desde la mente y sus miedos. Deja que tus conversaciones respiren un poco, que se aireen y se oxigenen. Date cuenta de que, en el fondo, lo más probable es que la otra persona también se esté sintiendo tan incómoda y tan poco preparada como tú.

Las conexiones más profundas que establecemos entre nosotros se dan siempre en silencio. Observa a una madre que acuna a su bebé para que se duerma, a dos viejos amigos o amantes que pasan un rato en un café... Fíjate cómo te sientes cuando simplemente das un paseo en silencio por la naturaleza, solo tú y el bosque al amanecer. No necesitamos palabras para sentirnos, para conocernos, para entender la vida y a los demás de un modo ciertamente profundo.

Tal vez con todas nuestras palabras inteligentes y rimbombantes tan solo estemos tratando de encontrar nuestro propio dulce camino de regreso a ese exquisito silencio; el silencio del que provenimos, el silencio al que todos regresaremos.

11. EL MEJOR CONSEJO DE AUTOAYUDA

No hay ningún yo ahí al que poder ayudar. Ese es el mejor consejo de autoayuda que existe.
Cuando tratas de «ayudar» al «yo» lo único que consigues es reforzar una ilusión: que en este día existe un yo dañado, quebrado, roto, un yo incompleto que en cierto sentido es «menos» que tu yo futuro.

Y refuerzas la identificación con esa entidad creada por la mente llamada «yo». Una imagen. Un espejismo.

Te olvidas de tu naturaleza como la Presencia misma.

En cambio, cuando dejas de intentar ayudar a un «yo» te hundes en un abrazo incondicional: ese abrazo que es la Vida misma y en el que todas tus imperfecciones, tus dudas, tus tristezas, tus alegrías y temores, tus anhelos y tus éxtasis (incluso tu «yo» imaginado y tus intentos frustrados de «arreglarlo» o «ayudarlo» a alcanzar la perfección en el futuro) son todos ellos aceptados, abrazados e incluidos al cien por cien en este abrazo. Ya. Inmediatamente.

No hay ningún yo al que haya que salvar. Ningún yo que haya que arreglar. Ningún yo que tenga que alcanzar la iluminación. Ningún yo que perder. Ningún yo que trascender. Solo existe este momento exquisito; una perfección divina ilimitada que resplandece a través de esta imperfección humana, que brilla en los intentos por aplicar estas «autoayudas», así como en sus éxitos y sus fracasos, sus anhelos y frustraciones, su agotamiento y su rendición.

Así es que sí, ayúdate, amigo mío, poniendo fin a la extenuante y agotadora búsqueda de un yo mejor... Y sencillamente relajándote y dejándote caer en este Ahora único e irrepetible.

12. SOBRE LA BELLEZA

La belleza no está en *lo que* ves, sino en *cómo* lo ves, en *el modo* en que miras.

Existe un vasto campo de posibilidades para el amor ahí donde tu presencia se encuentra con la presencia del «otro».

Y, sin embargo, no existen dos presencias separadas, sino tan solo una, del mismo modo que solo existe un fuego aunque se manifieste como llamas individuales.

¿Te das cuenta? La belleza no está contenida en ninguna forma, sino que se derrama a través de cada grieta y cada fisura de la realidad, manando a borbotones como un río desbocado e imparable.

Aquí no existe ningún otro: tan solo te estás encontrando contigo mismo.

Por lo tanto, limítate a ver a través de los ojos de la belleza misma, a mirar con los inocentes ojos de la Presencia consciente, y de ese modo el mundo que te rodea se tornará hermoso en un instante. Tu mirada lo cambia todo y, al mismo tiempo, lo deja todo perfectamente inalterado.

13. INCLUSO CUANDO NO SOMOS CAPACES DE MANTENERNOS EN PIE

En cierta ocasión mantuve una conversación con un joven en la que lo animaba a que soltase todas sus ideas sobre el futuro, a que se desprendiese de todas las imágenes mentales que tenía sobre cómo «debía» ser su vida, y a que se aceptase a sí mismo con los brazos abiertos tal como realmente era; que sintiese el dolor en lugar de huir de él; que viviese en el presente y no en ninguna falsa esperanza.

Entonces me dijo:

—Bueno, Jeff, si lo único que existe es este momento, este ahora, y no hay nada más que eso... entonces me voy a suicidar.

Por un instante había perdido toda esperanza. El suicidio le parecía la solución lógica.

Yo me limité a mantenerme presente. Escuchando, validando su dolor, adentrándome en su mundo.

El descubrimiento de la presencia puede causar una auténtica conmoción en nuestro sistema, puede empezar a reorganizar nuestra psique por completo, hacer que se desencadenen sentimientos, deseos, anhelos y temores que manteníamos profundamente enterrados. Es algo que yo mismo entiendo muy bien, pues también he pasado por eso.

–Sí, da mucho miedo perder toda esperanza.

–Estoy absolutamente aterrorizado.

–¿Dónde está ese miedo? ¿Me lo puedes describir? ¿Puedes sentirlo ahora en el cuerpo?

–Sí. Es una sensación de ardor, de quemazón... muy intensa... aquí... en el pecho.

–¿Estarías dispuesto a quedarte ahí por un momento, a sentir esa intensidad en el pecho?

Silencio.

–Arde... y siento que... siento que quiero matar a alguien. Ahora mismo estoy tan cabreado contigo. Me has despojado de todo, me has quitado toda esperanza...

Yo seguí ahí, manteniéndome presente.

–Sí. Lo entiendo. Entonces, ¿dónde sientes esa ira?

–Aquí, en el vientre, en la garganta, en el pecho...

–¿Puedes decirme de nuevo cómo es, qué aspecto tiene?

–Es como... una energía. Como un volcán. Como... como si ahora mismo pudiese destruir el universo entero.

–Sí. ¡Sí! Es una sensación inmensa, enorme. Lo que estás sintiendo en este momento es tu propio poder. Ya no tienes por qué seguir negándolo ni por qué actuar en consecuencia. Simplemente siéntelo ahora, por un momento, aquí. Deja que arda. Únete a él y hónralo.

–¡Guau! ¡Es demasiado!

–Es tuyo. Te pertenece. Limítate a permitirlo. Deja que esas sensaciones se expresen en tu vientre, en tu corazón, en tu garganta. Respira llevando el aire a ellas, respira a través de ellas.

–Quiero gritar.

–¡Hazlo!

–Yo... Yo... ¡Odio la vida!

–¡Más fuerte!

–¡ODIO LA VIDA! ¡ODIO A TODO EL MUNDO! ¡ODIO A MIS PADRES!

–¡Sí! ¡Muy bien! ¿Qué más odias?

–¡TE ODIO A TI, JEFF!

Nuestras miradas se encontraron. Un reconocimiento. Amor. Presencia. Total aceptación.

Se echó a llorar, se desplomó en la silla, su cuerpo comenzó a relajarse y volvió a respirar profundamente.

Creo que por primera vez había reconocido su ira, su dolor, su desgarro y su rabia con amor, comprensión y aceptación. Algo se había liberado, una tensión, algún trauma, algo que llevaba mucho tiempo reprimido. Algo aparentemente desagradable (una parte de sí mismo que no merecía ser amada) había recibido su amor por primera vez. Se había forjado algún nuevo circuito neurológico. Algo inconsciente había aflorado a la presencia consciente (a este espacio abierto de meditación) y había comenzado a recibir la bendición de su cálida atención. Finalmente, el buscador había encontrado lo que siempre había estado buscando.

—¡Dios mío! ¡Dios mío! Jeff, por primera vez en mi vida me siento... vivo. Siento que... ¡que soy yo mismo!

Es increíble el poder que hay en el simple hecho de permanecer presentes, escuchando lo que surja, haciendo menos y confiando más, dejando que el otro pase por lo que tenga que pasar sin intentar arreglarlo o salvarlo. Proporcionándole un espacio seguro en el que pueda ser él mismo, plenamente vivo, totalmente caótico... Para expresar lo que tenga que expresar, para sentirse tan mal o tan bien como necesite sentirse.

Llegando al amor atravesando el odio. Llegando al amor a través de la amargura, el desgarro y el dolor. Quitándole a esa persona sus falsas esperanzas y, tal vez, dejando que amanezca en ella una nueva esperanza. Confiando en su proceso individual. Confiando en su capacidad para soportar pensamientos y sentimientos muy intensos. Confiando en este vasto espacio de meditación, el campo benevolente que nos sostiene a todos, siempre, incluso cuando no somos capaces de mantenernos en pie por nosotros mismos.

14. LA GRACIA DE LA FRUSTRACIÓN

Si huyes de la frustración, de las decepciones, las amarguras y las contrariedades, estás huyendo de la vida misma.

En cambio, si le das permiso, la frustración puede suavizar tu mente y abrir tu corazón.

No tengas miedo.

Cuando nuestras esperanzas, sueños y expectativas estallan en pedazos, el dolor puede ser inmenso. Cuando la vida no se desarrolla como esperábamos, el sentimiento de decepción o de frustración puede quemarnos por dentro. En ese caso, ¿cuál es la invitación que se nos hace? Girarnos hacia ese lugar en llamas y prestarle nuestra atención. Sentir realmente el dolor, en lugar de tratar de entumecerlo, de insensibilizarnos ante él o de lanzarnos apresuradamente a perseguir algún nuevo sueño. A la larga, huir resulta mucho más doloroso, pues el dolor producido por el abandono de nosotros mismos es el peor dolor de todos.

Así que rompe esa adicción que tienes a «la siguiente experiencia». Pon tu atención y tu curiosidad en eso a lo que calificas como «frustración». Sumérgete en esa sensación como de aleteo que notas en el vientre, entra en contacto con la sensación de constricción que aparece en la zona del corazón, con el nudo que sientes en la garganta, con la confusión mental. Mantente presente con lo que sea que esté vivo en este momento. Permanece con aquello que está pidiendo tu atención a gritos. No rechaces el Ahora.

Vuélvete hacia este momento ardiente; en eso consiste la verdadera meditación. Respira a través de ese malestar. No te abandones ahora a ti mismo a cambio de un nuevo futuro imaginado. No te separes de ti mismo para caer en el mundo del pensamiento. Encuentra tu hogar en *lo que es*.

Deja que la mente continúe con su parloteo mental, pero no tomes lo que te diga como la realidad. La frustración está haciendo que te acerques a ti mismo, que te acerques a tu propio aliento, al peso de tu cuerpo sobre la tierra, a los sonidos vespertinos, a la melodía de la noche, a la sensación de estar vivo; más cerca, en definitiva, de rendirte profundamente a la imperfección de esta experiencia humana.

Amigo mío, te has perdido en la cabeza, así que ahora regresa al corazón. Déjate caer relajadamente en este momento. Llora por todos esos viejos sueños. Vuelve a casa.

Este momento es como es, exactamente tal como es.

Deja que todas tus expectativas se fundan con el silencio y den lugar a un nuevo comienzo.

La frustración es el portal de entrada.

15. RESPIRO CONTIGO

No busques al amor, no esperes a que llegue, no cuentes con que aparezca cuando tú lo solicites. Siempre te sentirás incompleto, y el miedo a «perder el amor» será un murmullo constante que te acompañará el resto de tus días.

El amor no es un servicio por suscripción. No es una recompensa que se consiga por buen comportamiento. No es algo que «te merezcas» o «no te merezcas». No; es tu derecho de nacimiento, así que has de buscarlo en tu propio corazón.

Cuando notes que tu atención está puesta en el exterior, cuando veas que tu mente está buscando, esforzándose, manipulando, tratando de comprender, aferrándose a algo o tratando de protegerse, detente. Invita a tu atención a que se acerque un poco más a ti. Dale las gracias a la mente por todos sus denodados esfuerzos y dirige tu atención a las sensaciones que te producen los pies apoyados sobre el suelo; a la sensación del peso de tu cuerpo, de la fuerza gravitatoria con que la Tierra tira de él; a la respiración, tan cumplidora, tan antigua, subiendo y bajando, subiendo y bajando, como una ola en la inmensidad de tu ser.

Deja que tu atención vaya limpiándolo todo a su paso por la garganta, el pecho, la boca del estómago... Permite que se infiltre por todas esas sensaciones vivas, crudas, puras, cosquilleantes, aleteantes, que aparecen en estas zonas de tu cuerpo. Deja que impregne por completo tu tristeza, tu angustiosa sensación de soledad, ese sentimiento de abandono del que siempre has estado huyendo. Solo por un instante, crea en ti un espacio sagrado, un santuario para estos hermosos y ancestrales fragmentos de un enorme rompecabezas que empezaste hace mucho tiempo, antes del Big Bang, antes de la aparición del tiempo mismo. Deja que la escena actual de la película de tu vida sea bendecida con tu atención, con esa conciencia tierna y benévola a la que llamamos *amor*. Esto es, en sí mismo, orar.

«Estoy aquí. Estoy aquí. Y todo está bien. Incluso aunque me dé la sensación de que no es así, todo está bien. Mi tristeza es inteligente. Mi miedo es antiguo, sagrado, honorable. Mis anhelos arden de vida. Incluso mis dudas forman parte de mí. Nada aquí es un error. Todo está sostenido en el amor».

La vida es muy corta, pero el amor es infinito, abundante, siempre está presente y más cerca de ti que tu siguiente inspiración. Así que no lo busques, no esperes a que llegue, no cuentes con que aparezca cuando tú lo solicites. Limítate a reconocerlo. Sé consciente de su presencia, de su profunda intimidad. Siente cómo te susurra al oído...

«Respiro contigo, amor mío. En cada inspiración, en cada espiración, y también en los espacios intermedios. Cuando el caos y la incertidumbre de la vida hacen que, exhausto, hinques las rodillas en el suelo, yo me pongo de rodillas contigo. Y en tus momentos de gloria, cuando te sientes exaltado y enaltecido, cuando te parece que este mundo voluble y tornadizo te lleva en volandas y te sostiene en lo más alto, yo también estoy ahí, regocijándome contigo. Cuando te sientes perdido e incapaz de seguir adelante, yo ya te he encontrado. Aquí. Aquí, siempre aquí. Estoy tan cerca. Me río contigo, lloro contigo, sangro contigo. Tu sangre es la mía. Tu voz es mi voz, tu silencio es mi silencio, y no dudaría en llegar hasta el fin del mundo para encontrarte, para luchar por ti, para traerte de vuelta a casa».

No puedes escapar del amor, y por eso precisamente no puedes atraparlo, asirlo, poseerlo.

Por lo tanto, si tienes alguna plegaria, algo que preguntar o que solicitar en oración, dicha plegaria ya ha sido atendida, ya ha sido respondida: la plegaria y su resolución son Uno, el gran don concedido mucho tiempo atrás.

16. LA BELLEZA DE TU LETARGO

Son muchos los que me dicen que se sienten como aletargados, desconectados, estancados, bloqueados, congelados o disociados, como si fuesen incapaces de sentir.

Ya han probado con todo tipo de terapeutas, con toda clase de fármacos, les han tratado como si fuesen objetos y han acabado viéndose a sí mismos como aparatos defectuosos o estropeados que necesitan ser reparados. Esta lucha constante hace que se sientan absolutamente exhaustos, y quieren liberarse de esta sensación de aletargamiento.

Yo les recuerdo que es un milagro que puedan sentir eso, que es increíble lo conscientes que son de ese sentimiento, lo sensibles que son a la desconexión que perciben en su propio interior. ¡Qué bendición! En este mundo la mayor parte de la gente está tan distraída, tan preocupada con el pasado y el futuro, tan desconectada de su cuerpo que no son en absoluto conscientes de este aletargamiento, de esta insensibilización.

El hecho de ser *conscientes* de nuestra desconexión, de nuestra disociación, de estar alienados de nuestros sentimientos, constituye un paso gigantesco en la senda sin senda de la sanación. Irónicamente, para poder *percibir* esta falta de sensibilidad, primeramente hemos de contar con una gran sensibilidad y capacidad de percepción, estar muy vivos y despiertos.

Si lo analizamos con más detalle, «me siento entumecido» es un relato, una historia, un cuento, una interpretación de la mente. Acércate un poco más a tu cuerpo. En este momento, justo ahora (y solo existe el ahora), ¿en qué parte de tu organismo sientes ese aletargamiento? ¿Hay ciertas partes de tu cuerpo en las que esa sensación sea más intensa? Date cuenta de que, para poder identificar aquellas zonas en las que sientes un mayor letargo o una mayor insensibilización, también ha de haber otras que sientas más vivas o despiertas; ha de establecerse un contraste. Lleva la calidez de tu amorosa y curiosa atención a esas zonas «entumecidas». Ahora, deja a un lado la palabra *entumecida* (o, para el caso, *aletargada*, *adormecida*, *insensibilizada*, etc.), ya que se trata de una etiqueta que lleva asociadas muchas connotaciones y juicios de valor, y procura notar directamente las sensaciones crudas (o la ausencia de las mismas) que se den en cada instante, sin tratar en modo alguno de hacer que estén «menos aletargadas». Dignifica estas zonas con tu curiosidad, con tu aliento y con la calidez de tu amorosa atención. Vete despacio. Ten paciencia. Bendice todo aquello con lo que te encuentres, y también lo que no encuentres.

Tal vez una zona «entumecida» no sea más que un aspecto de tu ser que anhela recibir tu amor, tu curiosidad, tu presencia libre de juicios y críticas. Tal vez sea una zona de tu cuerpo que agoniza porque llevas mucho tiempo privándola del oxígeno de tu atención. En lugar de intentar arreglarla, de procurar que «vuelva a la vida», ¿puedes limitarte a aminorar la marcha, a bajar el ritmo y sencillamente llenarla con tu presencia consciente? De este modo *dejarás de ser insensible a tu insensibilidad*, dejarás de estar desconectado de tu desconexión, disociado de tu disociación, y eso ya supone en sí mismo un paso gigantesco.

Hasta el lugar más gélido puede derretirse cuando está bañado por el calor del amor del sol. El camino para salir del letargo es adentrarse en él.

Y recuerda, si eres consciente de tu entumecimiento, de ese hueco o ese vacío que sientes dentro de ti, si eres capaz de empezar a atenderlo (es decir, de dirigir tu atención hacia él), de dejarle sitio, de darle espacio, de cederle tu aliento, tu compasión y tu precioso tiempo, eso significa que no estás entumecido en absoluto.

17. POR QUÉ NO HAS SANADO «AÚN»

¿Te preguntas por qué, después de todos estos años, aún no has sanado? ¿Por qué aún no has conseguido despertar o transformarte? ¿Por qué tu dolor, tu confusión, tus dudas, tus tristezas, tu más profundo anhelo por volver a casa, aún siguen estando presentes? ¿Por qué, a estas alturas, tu dolor aún no ha desaparecido?

«Llegado a este punto, después de tantos esfuerzos, ya debería haber encontrado las respuestas; mi angustia ya tendría que haber desaparecido; debería haberme liberado de la culpa y del miedo; debería sentirme más en paz, más despierto, con más claridad; la alegría ya debería haberse convertido en permanente, en mi estado natural; ya tendría que haber terminado con el sufrimiento, tendría que haber acabado con todas mis dudas; debería haber sanado... Entonces, ¿QUÉ ES LO QUE ME PASA?».

Amigo mío, «llegado este punto» es la mayor mentira que existe. No existe tal cosa como «llegado este punto». No puede existir algo así.

Piénsalo. Solo existe el Ahora. Solo este momento (este punto). No hay ningún «llegar» a él.

En lugar de aferrarnos a ideas y conceptos sobre cómo deberíamos ser a estas alturas («llegados a este punto»), ¿podríamos limitarnos a inclinarnos reverencialmente ante lo que de verdad está presente, honrar la experiencia que estamos teniendo en este instante, ser conscientes de su carácter sagrado, de su profunda inteligencia; celebrar cómo somos hoy, incluso si nos sentimos tristes, incluso si tenemos dudas, si sentimos ira, miedo o soledad? De ese modo es posible que atravesemos por un cambio total de paradigma...

Que pasemos de:

«Dolor, tristeza, ira, miedo... ¿por qué seguís aquí? ¡Llegado este momento esperaba que ya hubieseis desaparecido!».

A:

«¡Oh! ¡Vaya! ¡Aquí estáis! ¡Sí! ¡Qué honor encontraros aquí! Vosotros también sois vida, ¡una ola sagrada de conciencia! ¡No hay ninguna relato mental que me diga que no deberíais estar aquí!, ¡ninguna necesidad de que, «llegados a este punto», hayáis desaparecido! ¡Por supuesto que no seguís «aún» aquí, pues el tiempo no existe! ¡Estáis aquí, ahora, en este momento! ¡Eso es todo! ¡Aún aquí! ¡Yo también estoy «aún» aquí! ¡Así que podemos quedarnos aquí, quietos, tranquilos!, y en la quietud, en este campo oceánico de la Presencia, encontrarnos de verdad...».

Amigo mío, cuando surge un pensamiento o un sentimiento, no lo hace para que lo arregles, para que lo sanes, sino para que lo acojas tiernamente en el amoroso abrazo de tu presencia consciente.

La mala noticia es que nunca llegarás *allí* (a ese otro estado que deseas alcanzar). Y esa es también la mejor noticia posible, porque tú estás siempre *aquí*. Siempre estás ya aquí, y siempre lo estarás, porque aquí *es* allí. Aquí está tu hogar y tu santuario. Esta es la verdadera sanación: entregarnos a la Presencia, a la sensación de estar sustentados o ser sostenidos por algo infinitamente mayor que nosotros. Y, para eso, no hace falta tiempo.

Esa es la gran paradoja de la sanación:

que siempre estás sanando (en el tiempo)
y
ya estás sanado (en el Ahora eterno).

18. CUANDO UN AMIGO QUIERE MORIR

Cuando un amigo siente que su vida ha terminado, que su mundo ya no tiene sentido, el simple hecho de escucharlo puede ser la mejor medicina.

Llora con él. Extráñate y cuestiónalo todo con él. Guarda silencio con él. Siéntete seguro o inseguro con él. Sé su testigo, el espacio en el que aparece tal como es hoy. Míralo a los ojos. Dile que lo amas y que te encantaría que siguiese estando por aquí, formando parte de tu mundo. Valida sus sentimientos, por muy dolorosos que puedan ser. Ayúdalo a sentirse reconocido en este mundo. Satura su experiencia con tu escucha.

Tu amigo está pasando por una crisis de identidad, pero esto no es el fin, no es la última escena de la película, sino tan solo un grito desesperado en busca de apoyo, un corazón llamando a otro corazón. Ahora no le ofrezcas respuestas inteligentes. En lugar de eso, ofrécete a ti mismo. No prediques, no le sermonees, no le enseñes nada. No lo juzgues ni le hagas sentir mal por tener la clase de pensamientos que está teniendo o por desear lo que desea. Abrázalo para que no se sienta solo, para que pueda encontrar su propio valor, su propia fuerza, su propia capacidad para soportar los sentimientos dolorosos y seguir adelante, del mismo modo que el cielo resiste las tormentas más feroces y, después, continúa su camino.

Cuando un amigo siente que su vida ha llegado a su fin, que su mundo ha dejado de tener sentido, ¡ámalo más aún! Inclínate ante su honestidad, ante el coraje que demuestra tener al decir la verdad, y celebra esa vasta inteligencia que está presente en él y que finalmente «ha acabado» con todo lo fingido, con todas las pretensiones y todas las mentiras. Para esto hace falta una paciencia feroz: está naciendo un nuevo amigo, pues el viejo se había quedado demasiado pequeño. Cambiar de piel nos aterra, es doloroso, angustioso y atemorizante, pero en última instancia resulta mucho más doloroso vivir en nuestra antigua piel.

Ahora, el suelo que pisas es sagrado porque estás presente con tu amigo en este glorioso momento en el que se abre a su divina profundidad y clama con todas sus fuerzas a los dioses: «¡ESTOY HARTO DE ESTA VIDA!».

La desesperanza es un crisol; siempre hay una nueva esperanza en la Presencia.

19. TODOS TENEMOS ZONAS VULNERABLES

Es fácil decir «Te amo». Es fácil hablar sobre el amor, sobre la presencia, sobre la conciencia y sobre la profunda aceptación de lo que es. Es fácil enseñar, decir cosas que suenan a verdad, que parecen buenas y espirituales, pero no son más que palabras, y existe un mundo que es previo o anterior a las palabras.

Cuando surja en ti la ira (como a buen seguro lo hará), ¿puedes permanecer cerca de ella, no tratar de mitigarla ni de hacerla desaparecer? Cuando el miedo irrumpa y se desate por todo tu cuerpo, en lugar de fusionarte con él, de lanzarte apresuradamente a elaborar relatos en torno a esa sensación, ¿puedes limitarte a respirar con él, en él y a través de él?, ¿a permanecer justo en medio de tu miedo? Cuando te sientas herido, rechazado, despreciado, no amado o abandonado, ¿puedes darle espacio a ese sentimiento, acogerlo y darle la bienvenida en tu cuerpo, honrar su intensidad, su fuego ardiente, su presencia, y no atacar, actuar, o empezar a insultar a los demás? ¿Puedes comprometerte a no abandonarte a ti mismo ahora, cuando más necesitas tu propio amor?

Es fácil hablar de amor. Es fácil enseñar y predicar. Hasta que nuestras viejas heridas se abren. Hasta que la vida no sigue el camino que nosotros queríamos. Lo que te provoca, lo que hace que se desencadenen todos esos sentimientos en ti, es una invitación para que profundices en el amor hacia ti mismo. ¿Te das cuenta?

En esto no hay nada de lo que avergonzarse: todos tenemos zonas vulnerables.

20. EL YOGA DE LAS RELACIONES

Las relaciones más sanas son las relaciones honestas, las que se basan en la Presencia y no en fantasías, en falsas promesas o esperanzas inconscientes; aquellas en las que dos almas pueden compartir mutuamente su yo real, auténtico, presente y encarnado; en las que pueden revelar sus verdades más profundas (crudas, salvajes, caóticas, irresolutas, inacabadas, con sus bordes ásperos y angulosos...) y desprenderse continuamente de sus ideas condicionadas y preconcebidas sobre cómo «deberían ser» las cosas. Las relaciones se renuevan constantemente en el crisol de la intimidad. Puede haber momentos de ruptura, malentendidos, intensos sentimientos de duda, enfado, miedo y ansiedad, o la sensación de no tener nada a lo que agarrarnos, nada a lo que poder asirnos, ningún terreno firme bajo nuestros pies. Sí, claro, pero en la relación también hay una voluntad compartida de afrontar todo este desorden cuando emerge, de mostrarnos vulnerables, de expresar: «Estoy sufriendo. Me duele», y no hacer al otro responsable del dolor que sentimos; de decir: «Necesito contar con alguna clase de apoyo», pero no obligar a la otra parte a que nos lo ofrezca; de compartir deseos, anhelos, esperanzas y sueños y no exigir que el otro vea las cosas del mismo modo; de recibir su «no» y su «sí», incluso cuando nos resulta doloroso; de permanecer inmersos en el crisol de la transformación, observando juntos y con los ojos bien abiertos la presente ruptura, sin mirar hacia otro lado, sin aferrarnos a «cómo solían ser las cosas» ni atenernos a lo que otros piensen sobre «cómo deberían ser»; de dejar que ardan y se consuman todos esos conceptos de segunda mano sobre lo que es la felicidad; de, a veces, sentarnos juntos sobre los escombros de nuestros sueños, planes, esperanzas y expectativas destrozados, y empezar a trabajar mano a mano para encontrar un lugar de reconexión, un punto de encuentro a partir del cual empezar a reparar y reconstruir la relación. Esta es la labor valiente –y, a menudo, intensa– que requieren las relaciones.

Para conectar, aun cuando no nos queda más remedio que comenzar por admitir el profundo sentimiento de desconexión que está presente en este momento. Estas son las relaciones vivas; las relaciones que dejan espacio para que se expresen nuestros anhelos, miedos y angustias más profundos, pero sin esperar que sea el otro quien los resuelva, quien nos «arregle» o disipe nuestro dolor; las relaciones en las que lo único que se exige del otro es que se limite a adoptar el papel de testigo, de «matrona» que presencie el alumbramiento de nuestro propio proceso de sanación y en las que, a cambio, se ofrece lo mismo.

Para inspirarnos el uno al otro en la búsqueda de nuestra propia felicidad (incluso si esto significa abandonar o «romper» la relación en su forma actual). El amor sostiene al otro suavemente, con ternura, no se aferra ni intenta controlar al ser amado. Solo quiere lo mejor para el otro, solo desea que la otra persona acceda a su propio poder, que viva todo su potencial al máximo, que encuentre su dicha más profunda, que recorra el sendero que le corresponde por naturaleza, que aprenda a amar su propio cuerpo y sus sentimientos y deseos más profundos y que descubra nuevas maneras de cuidar de sí misma.

«Te amo y quiero que florezcas».

Las relaciones pueden ser el yoga supremo, sí, una aventura cada vez más profunda, un viaje de redescubrimiento de nosotros mismos y del otro (es decir, que nos permita redescubrirnos a nosotros mismos en el espejo que es la otra persona), un continuo soltar y encontrarnos, una danza interminable de soledad y compañía, sin perdernos en ningún extremo sino descansando alegre y juguetonamente en algún punto intermedio. A veces acercándonos, a veces alejándonos. Cercanía y espacio. Intimidad con el otro, intimidad con nosotros mismos. Inspiración, espiración. Mañana y tarde. Nacimiento y muerte.

La relación no es un lugar que alcanzar, un punto de llegada, un destino; es algo vivo, un permanente punto de partida, un inicio constante, día a día. Tan solo podemos empezar juntos, aquí, y existe una profunda alegría en este comienzo. El no-saber nos produce una enorme excitación, un gran entusiasmo. Hay mucha vida en esta muerte continua de las expectativas, en permanecer cerca de este miedo sano ante la pérdida, en no huir de la insustancialidad y la impermanencia de las cosas (pero sin perdernos a nosotros mismos en ellas), en encontrar seguridad en el seno de la incertidumbre. Inspirando, espirando...

Como dice Eckhart Tolle, las relaciones no están aquí para hacernos felices, ya que la verdadera y eterna Felicidad yace en el interior de cada uno de nosotros como esa sólida e inquebrantable Presencia que, en última instancia, nadie puede darnos ni quitarnos. Sea como sea, siempre estamos a salvo. Los demás no pueden completarnos. Nadie nos va a salvar ni a resolver por nosotros nuestros más profundos sentimientos de confusión y turbación. Sin embargo, sí que pueden ofrecernos el gran regalo que supone hacer que tomemos conciencia de nuestras heridas, de nuestro niño interior, de esos fragmentos perdidos; pueden ayudarnos a hacerlos aflorar a la superficie, a exponer todos esos aspectos de nuestro ser que reclaman a gritos nuestra empatía, todas esas hermosas partes que han quedado privadas de nuestra luz.

Y… después, ¡correr el riesgo de revelar nuestro corazón desnudo y en carne viva (nuestra soledad, nuestra vulnerabilidad, nuestra sensibilidad, nuestro no-saber, nuestra dicha, todos esos secretos que guardamos en nuestro interior y de los que nos «avergonzamos») a otro ser humano en este pequeño planeta azul perdido en la inmensidad del espacio! El riesgo de quitarnos la máscara y exponer nuestro corazón sin protección, sin defensas, sin armadura. Arriesgarnos a ser rechazados, a quedarnos solos, a que nos humillen o nos ridiculicen. Arriesgarnos a que, quizá, lo viejo vuelva a repetirse.

Pero también con el «riesgo» (quizá incluso mayor) ¡de que nos quieran por lo que somos de verdad!; de ser sostenidos en la cegadora luz de la atención y la fascinación de otro ser humano, del mismo modo que una madre o un padre sostiene tiernamente a su bebé con todo su amor, su cariño y su atención; de que se encuentren con nosotros en el momento presente, sin lugar alguno en el que escondernos o al que huir; de abrirle las puertas a lo Nuevo; de arriesgarnos a perder esa imagen del falso yo, esa persona que con tanto cuidado y esmero hemos ido construyendo, y permitir que otro ser abrace nuestra vulnerabilidad. Esta es la posibilidad más grandiosa que puede darse en una relación: ser capaces de percibir el exquisito y delicado corazón del otro y permitir que este perciba nuestro propio corazón abierto y vulnerable.

Y en este ver, en este percibir tan bello, puede darse la sanación, la transformación. Podemos convertirnos en canalizadores terapéuticos para nuestros hermanos y hermanas. Podemos ser un bálsamo, una medicina, una cura los unos para los otros, una fuente de estímulo y una gran compañía en esta vía (a veces ardua y solitaria) que consiste en llegar a estar verdaderamente vivos antes de morir.

Y tal vez nos lleve la vida entera descubrir que el Uno que siempre hemos anhelado, en realidad siempre, desde el principio, se ha encontrado en lo más hondo de nuestro ser, y conseguir que el otro (nuestra pareja, un amigo, un amante, un terapeuta, un animal, un árbol, una montaña, la luna o la Inmensidad del Cosmos) nos refleje, aunque no sea más que por un breve instante, ese Uno que somos...

... Entonces, conoceríamos el cielo en la tierra.

21. CUANDO NOS ALEJAMOS DE LOS SENTIMIENTOS

Cuando, estando en meditación, aparezca una oleada de sentimiento (un dolor, una angustia, un miedo, una melancolía o una ira inesperadas), procura permanecer presente con dicho sentimiento, respirar a través de él, abandonar todo intento por librarte de él, y simplemente dejarlo ser, dejar que viva, dejar que se exprese a través de ti en ese momento tal como tenga que hacerlo. ¿Eres consciente de ese impulso que aparece en tu interior a resistirte, a negarlo, a distraerte con alguna otra cosa y huir de la experiencia? No te juzgues ni te culpes por albergar el deseo de tener otra experiencia distinta a la actual, pues este afán por desconectar, estas ganas de huir, esta adicción a estar «en cualquier otro lugar que no sea este», no es más que un viejo hábito, una antigua costumbre.

Pero hoy prueba a permanecer muy cerca de *lo que es*, de lo que sea que esté presente. Intenta conectar de verdad con ese sentimiento que te visita, atender suave y tiernamente tu experiencia a medida que esta se va desplegando. En lugar de cerrarte, de alejarte o de negar esa energía que recorre tu cuerpo, ¿puedes abrirte tierna y dulcemente a ella? ¿Puedes impregnarla con tu atención y tu curiosidad, dejar que fluya por tu interior? Permanece presente en todo su ciclo de vida, cuando nace, cuando exprese lo que tenga que expresar y cuando regrese de nuevo a la Presencia, a su hogar oceánico.

Lo único que pretenden todos los sentimientos es encontrar un espacio de acogida en ti. Todos esos sentimientos que han quedado estancados y aún están por resolver, todas esas energías a las que nos resistimos, que rechazamos y negamos, a las que les prohibimos la entrada, en realidad no desaparecen. Siguen viviendo en la tenebrosa negrura del inconsciente; sin hogar, ansiando recibir amor, moviendo los hilos de nuestras relaciones, de nuestro cuerpo, interponiéndose en el trabajo que desarrollamos en el mundo e impidiendo que podamos alcanzar la dicha y la alegría. Ahí, en lo más profundo del inframundo, claman a voz en grito por nuestra atención, nos chupan la vitalidad e impiden la expresión de nuestro auténtico ser, lo que hace que actuemos de forma compulsiva, que nos volvamos reactivos, obsesivos, ansiosos, que nos deprimamos (y, en última instancia, afectando también a nuestro estado físico de salud). Todo en un intento por que las escuchemos.

Hasta que un día, quizá estando en meditación profunda, recordemos que todos los sentimientos son sagrados y tienen derecho a existir en nosotros, incluso los más caóticos, los más incómodos y dolorosos. Hasta que nos acordemos de volvernos hacia ellos en lugar de huir de ellos; de profundizar en ellos para, de este modo, mitigarlos, suavizarlos; de darles espacio en lugar de ignorarlos o procurar insensibilizarnos ante ellos.

Los fantasmas hambrientos (esos niños perdidos a los que ahora alimentamos con nuestro amor, con nuestra cálida atención, con nuestra curiosidad y Presencia; a los que ahora ofrecemos un hogar, un entorno en el que habitar dentro de nuestro ser) pueden por fin descansar. Ya no necesitan manejar los hilos de nuestra vida, pues ahora cuentan con el calor y la empatía que siempre anhelaron.

Perdemos gran parte de nuestra valiosa fuerza vital, de nuestro *prana*, de nuestra energía sagrada, en la sisífica tarea de alejarnos de nuestros propios sentimientos, de tratar de hacer que se vayan a «alguna otra parte». Pero ¿dónde podrían ir? Solo estás tú. Cuando los apartas, lo único que consigues es hundirlos más profundamente en ti mismo.

Se libera tantísima creatividad, se siente un alivio tan enorme, cuando rompemos con este antiguo patrón de autoabandono y represión, cuando vamos más allá de nuestros condicionamientos basados en el miedo y tratamos de hacer algo totalmente distinto: permanecer cerca de los sentimientos cuando emergen en la inmediatez y la frescura del momento presente y tratan de encontrar su verdadero hogar en el fondo de nuestro corazón.

22. TU GRAN PROTECTOR

Las enseñanzas espirituales que nos exhortan a extinguir nuestra ira por completo, que la juzgan como una emoción categóricamente «negativa» y «destructiva», o que la califican de «insana» o incluso de «no espiritual», ciertamente pueden resultar tremendamente falaces y engañosas.

La ira, el sentimiento de enojo o de enfado, forma parte de la vida. Es una poderosa expresión de la fuerza vital que fluye a través de todas las cosas y las anima, y como tal ha de ser honrada.

Por supuesto, ¡no queremos que nuestra ira nos controle! No queremos que hable por nosotros, que ese sentimiento sea el que ponga palabras en nuestra boca o gobierne nuestro cuerpo y el modo en que nos comportamos. No; se trata de crear un espacio en torno a la ira, de ser capaces de usarla de forma consciente, como herramienta, cuando sea necesario y apropiado. No queremos que nos consuma, que nos bloquee, ni tampoco identificarnos con ella o perdernos en ella. Lo deseable es establecer una relación sana –e incluso amorosa– con esta amiga tan sumamente intensa y feroz.

Cuando tratamos de ser «espirituales» y reprimimos nuestra ira, cuando la relegamos a lo más profundo de nuestro cuerpo (cuando, por así decirlo, la desterramos a la sala de espera del inconsciente), empieza a enconarse, a supurar y a causar estragos en nuestro sistema inmunitario. Ya no somos nosotros los que «tenemos» la ira, sino que es la ira la que se adueña o «nos tiene» a nosotros. Deja de ser un sentimiento que aparece y desaparece; ahora estamos enojados, nos convertimos en la propia ira, la rabia se convierte en nuestros huesos, en nuestro ser, nos identificamos plenamente con ella. Quizá explotemos en actos de agresión, de violencia y de cólera en un intento por encontrar cierto alivio a la presión interna que nos produce. O tal vez nos volvamos pasivo-agresivos, bullendo lenta y silenciosamente de resentimiento y hostilidad hacia el mundo y hacia los demás (hacia nuestros vecinos, hacia los políticos, hacia los miembros de nuestra familia, nuestros socios, etc.). También puede que encontremos otras formas inconscientes de expresar o desviar nuestra ira, como mentir, culpar a los demás, recurrir al sarcasmo, quejarnos constantemente o simplemente responder con un silencio indiferente y desdeñoso a los demás. Todas estas son formas de evitar encontrarnos con nosotros mismos. Por dentro, seguimos estando encolerizados, incluso si pensamos que somos «espirituales» y que estamos «más allá de la ira». Hay muchos ejemplos de gurús y maestros de autoayuda que, de puertas afuera, parecían ser de lo más «pacíficos», estar «iluminados» y «evolucionados espiritualmente», pero luego, entre bastidores, han explotado en ataques de ira al conversar con estudiantes, o han acusado vehementemente o avergonzado a sus discípulos o a los miembros de su equipo. Ya ves, la ira nunca desaparece, simplemente encuentra formas nuevas y creativas de fluir.

Sin embargo, existe un punto intermedio sano, saludable y sagrado entre, por un lado, negar o silenciar la ira y, por otro, dejar que nos controle de forma habitual (con el consecuente daño que causamos a los demás); entre la *represión* (es decir, relegar la ira a las profundidades, con lo que acaba expresándose de forma inconsciente y reactiva) y la *expresión reactiva* (la exteriorización compulsiva y exagerada como forma de buscar alivio).

En este punto intermedio –que constituye el reino sagrado de la meditación– podemos respirar y empezar a sentir de verdad la ira dentro de nuestro cuerpo. Podemos salir de la mente (del drama que se despliega en nuestra cabeza, la culpa, el ataque a los demás y las fantasías de venganza) y dirigirnos directamente al vientre, al pecho, a la garganta, al plexo solar o a la cabeza; penetrar directamente en el núcleo, en la esencia vital, en la cruda y ardiente sensación del momento presente. ¡En estas sensaciones tan intensas, pulsantes, palpitantes, estremecedoras, agitadas, cosquilleantes, ardientes, efervescentes!

Y podemos inspirar y espirar a través de ellas, llevar nuestra cálida presencia a ese lugar, dejar que las sensaciones fluyan y se desplacen en nosotros, bendecir el maravilloso e incontrolable desorden que se forma en nuestro cuerpo. Podemos dejar que ese «niño enojado» que llevamos dentro se empape por completo con el amor que tan desesperadamente necesita.

Podemos aquietarnos, ir más despacio, reducir la marcha y *responder* con amor a nuestros sentimientos de ira, en lugar de *reaccionar* ante ellos de forma inconsciente.

Desde esta actitud de presencia podemos asumir la responsabilidad de nuestra rabia en lugar de proyectarla hacia fuera en todas direcciones, de culpabilizar, humillar o ser crueles con los demás y hacerles responsables de cómo nos sentimos. Podemos reconocer: «¡Sí, estoy enfadado! ¡Siento rabia!», y honrar ese sentimiento vibrante que se desplaza por nuestro interior; verlo como algo natural, saludable, sagrado, y no como un error, como un fracaso o una señal de que no somos espirituales o de que aún no hemos evolucionado.

Y, si aminoramos la marcha, si vamos despacio, respiramos y prestamos atención, es muy posible que descubramos que lo que subyace en esa ira no es más que un corazón humano frágil y vulnerable. Una tristeza. Una frustración. Una incertidumbre. Una debilidad que anhela ser vista, reconocida, abrazada, acogida. Una sensación de rechazo. El sentimiento de que los demás no nos escuchan. Una necesidad que pide ser atendida.

La ira no era más que una protección. No un error, sino tan solo una protección.

Y podemos agradecerle que cumpla su propósito, que trate de mantenernos a salvo ante los «otros», que proteja nuestro carnoso, tierno, sensible y asustado corazón, que procure ayudarnos a satisfacer nuestras necesidades, que intente hacer que los demás nos escuchen.

Como ves, oculto en la persona adulta hay un niño inocente que nos llama, que nos ruega, que grita, nos suplica y monta en cólera buscando nuestra atención.

«Escúchame. Mírame. Quiéreme. Protégeme. No soy un error...».

Sigue el rugido de la ira hasta su núcleo vulnerable y espiritual.

Enamórate de tu gran Protector.

23. ¡FIRME COMO UNA ROCA!

No te centres en lo que está «mal» en el mundo. Cuando luchas contra un mundo roto y descalabrado, cuando vives en resistencia y lleno de violencia interior, lo único que consigues es contribuir a la violencia que percibes en el exterior.

En lugar de eso, limítate a ver el mundo tal como es, del mismo modo que un artista contemplaría un rostro, con todos sus defectos, sus imperfecciones, sus rugosidades, sus surcos, sus grietas y arrugas. Observa la luz y la oscuridad, el amor y el abandono de dicho amor, la bondad y su olvido. Contémplalo todo imbuido de fascinación. Ama al mundo ahora, por lo que es, tal como se presenta en este momento. Sostenlo en tu amoroso abrazo. Es un mundo joven, aún está aprendiendo y comete errores.

Y, una vez establecido en la perspectiva del amor, vuelve a zambullirte en el mundo. Mantente firme y sólido como una roca. Ilumina el mundo con tu poderosa presencia. Habla por quienes no tienen voz. Actúa como un amplificador de los mensajes de compasión y entendimiento. Difunde la verdad.

Que tu lucha sea *a favor* de lo que sabes y lo que amas, y no *en contra* de todo aquello a lo que te opones y rechazas.

Tu atención es tu mayor don, tu más excelsa bendición, así que bendice con tu amorosa atención a este mundo que, en este momento, está saliendo a la luz a través de ti; no pierdas el tiempo dándole más energía con tu intolerancia a un mundo que agoniza.

Reúnete con tus hermanos y hermanas. Descubre tu verdadera familia más allá del color, de la raza, de la religión y las creencias. Unidos en el nombre del amor.

Ahora ya no atacas al mundo, sino que luchas a su lado, y todos sus ángeles luchan junto a ti.

24. CUANDO EL AMOR TE ABRE

El amor no siempre nos parece «seguro» porque es puro potencial y pura presencia, y en la pura presencia todos los sentimientos y todos los impulsos, por muy delicados, dolorosos, inconvenientes o intensos que sean, siempre son bienvenidos.

Así que cuando dejes que alguien te importe (y también te des permiso a ti mismo para importarle a los demás) y el miedo deje de controlarte, a tu corazón no le quedará más remedio que empezar a resquebrajarse y abrirse ante la enormidad del amor; no serás capaz de controlar los resultados y esa es la razón por la que el ego es incapaz de amar.

A salvo, inseguro. Alegre, triste. Certeza, incertidumbre. Asustado, valiente. Frágil, poderoso. Digno, despreciable y cualquier otro grado intermedio. En cada momento hay tanta vida intentando llenarte que tú apenas eres capaz de contenerla toda. Estás lleno de vida; te penetra, te atraviesa, te inunda...

Ya ves. Te mintieron al hablarte sobre el amor. Te dijeron que era algo que siempre debía hacerte sentir bien, arropado, protegido, feliz; te dijeron que era algo que te sería entregado desde el exterior, algo que tendrías que ganarte, algo que merecer; te dijeron que en el amor todo eran mariposas, angelitos y luz, pero en realidad, siempre fuiste tú: desnudo, crudo, vivo, roto, entero, vulnerable, tembloroso pero real, inspirando un cosmos, espirando la euforia, la oscuridad, la tristeza y la alegría de toda la humanidad; y a veces sin tener la menor idea de qué estás haciendo o de cómo es posible que sigas con vida...

Bien. *Respira*. Aquí, todo se despliega con gracia y hermosura. El amor no es solo ganancia. También es pérdida. Nuestros seres queridos morirán, aquellos a quienes amamos desaparecerán, pero el amor en sí permanecerá. ¿Ves? El amor simplemente hará que te eleves y que vuelvas a caer y a preguntarte si alguna vez volverás a levantarte. Te abrirá, te cerrará, te romperá, te volverá humilde y se reirá de las fantasías infantiles que tenías sobre él.

Pero todo eso es natural, y todo está aquí para ti. No tardarás mucho en cerrar el círculo, en regresar a ti mismo, al Origen. En realidad, lo único que has estado haciendo siempre ha sido buscar tu propio Corazón y su multitud de reflejos.

El amor está aquí, *es* aquí. Siempre es aquí. Ya te ha encontrado en algún punto intermedio entre la euforia y la oscuridad. El mismísimo suelo que pisas es sagrado, y tú vuelves a estar seguro y a salvo una vez más.

Así que llora, ríe, tiembla, vomita, duda hasta del suelo que tienes bajo tus pies, pero tu Corazón jamás te abandonará.

25. DEJA DE MENDIGAR

En este momento, todas las personas que forman parte de tu vida te están amando lo mejor que pueden. Sus corazones están tan cerrados o tan abiertos como pueden estarlo en función de los traumas que han vivido, de sus creencias, de la voluntad que tengan de mirarse a sí mismos, de los sentimientos insoportables que estén reprimiendo en su inconsciente, de cómo y de qué manera estén huyendo y tratando de alejarse de sí mismos, etc.

Todos están lidiando con angustias, tristezas, miedos y alegrías de las que probablemente nunca llegues a saber nada. Todos buscan el amor a su manera, todos luchan contra monstruos del inframundo que quizá nunca llegues a conocer.

Cuando intentas que otra persona te ame es muy importante hasta qué punto está su corazón abierto o cerrado en ese momento. Entras en guerra con ella, para tratar de hacer que se abra, para desbloquear su capacidad para amar.

En cambio, cuando no buscas el amor sino que sabes que el amor es tu propia naturaleza y sientes su fuente en tu corazón resplandeciente, eres libre y la batalla por lograr que te amen llega a su fin.

Ahora puedes dejar que los demás te amen a su propio modo único e irrepetible, por «limitado» que pueda parecerle a la mente.

Porque cuando vemos la vida a través de los ojos de la abundancia, incluso el amor más limitado es una bendición. Sí, un corazón abierto es un milagro, pero un corazón cerrado también merece ser honrado y apreciado.

De modo que hoy puedes dejar que los demás te amen tanto como puedan.

Ya no mendigas su amor, porque ahora sabes cuál es la verdadera fuente del amor: *Tú*.

26. HOY ¡SÉ SALVAJE!

Seguramente habrá personas que enloquezcan o incluso que lleguen a suicidarse porque sienten demasiada vida en su interior y se ven incapaces de expresarla o de tan siquiera acceder a ella.

No pienses que estás enfermo si sientes un fuerte impulso sexual hacia los hombres, las mujeres o las bestias. Deja que fluya por tus entrañas. Si respiras a través de dichos impulsos, no te controlarán. No hay necesidad alguna de que te «deshagas» de ellos, ni tampoco de que actúes dejándote guiar por ellos como forma de intentar encontrar un cierto alivio. No son más que imágenes que fluyen por la mente, fotogramas que se proyectan sobre la gran pantalla de cine de la conciencia, y cuanto más permitas que se expresen, menos constituirán un problema. Deja de juzgarte a ti mismo (y, por supuesto, no hay ninguna necesidad de que te juzgues por el hecho mismo de juzgarte). La mente es pura creatividad y nosotros no tenemos demasiado control sobre los pensamientos que aparecen. En realidad, nuestro auténtico poder radica en la capacidad de abrazar y acoger amorosamente todo aquello que pase por el teatro de la mente, en dar espacio al «estruendo y la furia» de la mente, en ser conscientes de que, en última instancia, nada de esto significa nada.

Así que deja que la mente sea la mente y date cuenta de que tú no eres ella.

Que aparezcan pensamientos relativos a la muerte no significa que haya algo que esté mal en ti. Bendícelos y deja que pasen, porque siempre pasan y no son más que eso: pensamientos, voces, imágenes muy vívidas e intensas.

No estás loco si afloran en ti inesperadamente (a veces todos juntos al mismo tiempo) sentimientos intensos de alegría o de tristeza, de pavor o de rabia. Limítate a ser el espacio valeroso que acoge dichos sentimientos, sin convertirte en su esclavo.

El hecho de que aparezcan imágenes perturbadoras en la pantalla de la conciencia no significa que tú estés perturbado, porque tú eres la pantalla inmutable, y no las imágenes que en ella surgen.

Crea espacio en tu propio interior tanto para la luz como para la oscuridad, para lo estrafalario, lo extravagante, lo erótico y lo prohibido, lo singular, e incluso para lo impropio o lo inconveniente. No reprimas nada, no niegues nada, y de este modo nada de esto te controlará ni te atemorizará. Comprenderás que todos esos pensamientos también son hijos tuyos.

La autoestima radical es la más profunda alegría que existe, pues supone darte permiso para ser totalmente salvaje y libre, para estar completamente vivo por dentro.

Y no olvides que nunca jamás hay nada «malo», «incorrecto» o «equivocado» en ti.

27. EN LO MÁS HONDO DEL LODO TÁNTRICO

Nos han enviado gurús, guías, ángeles, curanderos, sanadores, agitadores, aliados y enemigos de todo tipo, forma y tamaño: nuestra pareja, nuestros hijos, amigos y familiares, amantes, terapeutas, compañeros de trabajo, extraños en el metro...

En cualquier lugar estamos rodeados por nuestros verdaderos maestros. Porque las verdaderas enseñanzas de la vida son muy antiguas y yacen en lo profundo de nuestro ser.

Todas las personas que actualmente forman parte de nuestra vida poseen dones preciosos que ofrecernos. Algunos son obvios, otros tan solo se vuelven evidentes con el tiempo, al verlos en retrospectiva.

Algunas relaciones nos enseñan a escuchar; a recibir la verdad del otro sin lanzarnos apresuradamente a tratar de corregirlo, aconsejarlo o procurar que deje de sentirse como se siente; a tomarnos su mundo en serio; a salir de nuestra propia mente; a desprendernos de nuestro ensimismamiento y nuestro narcisismo y ponernos en la piel de la otra persona.

Otras relaciones nos enseñan a escucharnos a nosotros mismos, a conectar con nuestros propios deseos y necesidades; a compartir nuestros auténticos sentimientos de forma honesta y sincera; a expresar lo que realmente está sucediendo en nuestro mundo interior, incluso cuando nuestro corazón late desbocado y nos preocupamos por cómo recibirán los demás lo que tengamos que decir.

Hay relaciones que nos enseñan a dejarnos amar, a permitir que el amor entre en nosotros; a recibir y aceptar la ayuda que nos ofrecen los demás; a pedir ayuda y no verlo como una debilidad; a dejarnos cuidar y recibir la atención amorosa de los demás; a ser sostenidos en la mirada compasiva del otro; a permitir que la compasión penetre en nuestro ser; a darnos cuenta de lo mucho que nos merecemos todo esto.

Algunas relaciones nos enseñan a dar nuestro apoyo, a prestar atención a los sentimientos y las necesidades de los demás, a cuidar de otros; a tomar la iniciativa y entrar y salir de nuestros propios sentimientos y emociones; a ofrecer nuestro tiempo y atención, a aportar nuestra fortaleza física y emocional; a entregar el valioso regalo de nuestro sacrificio voluntario (y también a descubrir nuestros límites en dicha entrega); a ofrecernos con una actitud que también nos enriquezca a nosotros y que no esté basada en la culpa.

Otras relaciones nos muestran la necesidad de hablar por nosotros mismos, de defender nuestra postura. Nos fuerzan a ser honestos con lo que no nos parece bien, con lo que nos hace daño, lo que sentimos que está mal, que es equivocado, lo que es «demasiado» (o «demasiado poco»). Nos enseñan a ser conscientes de cuándo se ha sobrepasado algún límite; a expresar nuestra justa y razonable ira, esa parte de nosotros que no se está teniendo en cuenta, que siente que es invisible, que no la escuchan, que no la respetan o incluso que abusan de ella; a respetarnos lo suficiente como para decir «no» independientemente de cuáles sean las consecuencias.

A veces aprendemos por medio de rupturas, de angustias, de mal de amores, a través de la muerte y la transformación de las relaciones. Descubrimos el coraje y el valor necesario para retroceder y abandonar algo que no es bueno ni saludable para nosotros, para deshacernos de lo viejo y penetrar en lo desconocido, sumergirnos en la vida, dar un paso, tal vez, hacia el dolor y la sensación de soledad, para acceder a nuestro verdadero poder y honrar nuestro precioso corazón cuando se abre, cuando se cierra, cuando vuelve a abrirse, cuando vuelve a cerrarse...

Otras veces crecemos y maduramos al permanecer en una relación cuando lo único que nos gustaría sería alejarnos y pasar a otra cosa; estando presentes cuando se producen los conflictos y los malentendidos, sintiendo plenamente la ira, el miedo, el dolor, la exasperación, los sentimientos de culpa y de culpabilización del otro, expresando nuestra dolorosa o dichosa verdad; encontrando la fuerza en el propio hecho de permanecer; bajando el ritmo y contemplando juntos el desastre que hemos creado; encontrando, quizá, un lugar desde el que poder volver a conectar, tal vez hacer las paces, tal vez pedir perdón; haciéndonos responsables de nuestros propios actos y nuestras propias heridas, y dejando que el otro se responsabilice de las suyas.

A veces las relaciones nos enseñan a estar con otros, y otras a estar con nosotros mismos, a dejar de escapar de nuestra preciosa soledad, a encontrar alegría, dicha y felicidad en el silencio, en la quietud, en la soledad...

A ser Uno. A ser dos.

A unificar. A separar.

A darnos cuenta de cuándo hemos perdido el equilibrio.

A ser conscientes de cuándo nos sentimos abandonados o desatendidos.

Asfixiados.

Insensibilizados.

Desconectados.

Vacíos. Llenos.

A tomarnos en serio nuestra necesidad de estar solos.

A tomarnos en serio nuestra necesidad de estar en compañía.

A saber cuándo nos estamos escondiendo, cuando tenemos miedo de que nos vean y procuramos evitar toda conexión con los demás.

A saber cuándo hemos caído en la adicción de abandonarnos o descuidarnos a nosotros mismos en favor del otro, escapando de nosotros mismos para caer en la codependencia con alguna otra persona, esperando que nos salve, que nos arregle, que nos repare y nos haga volver a sentir plenos...

A veces las relaciones son un placer, un goce, una delicia.

Otras son confusas, agonizantes.

Estamos destinados tanto a disfrutar de las más elevadas alturas de la intimidad como a sentir las más hondas profundidades de nuestra soledad y nuestros anhelos existenciales.

Estamos destinados a conocernos a nosotros mismos.

Todas las experiencias que vivimos en la senda de las relaciones pueden enseñarnos, transformarnos, sanarnos. Incluso en el conflicto y en la lucha podemos encontrar grandes dones y grandes aprendizajes.

Siempre que estemos dispuestos a ir más despacio y mirar.

Siempre que estemos dispuestos a mantener una permanente actitud de curiosidad y llevar a cabo la valiente tarea de ablandar y enternecer nuestra experiencia corporal, de relajarnos en la propia encarnación de nuestro ser.

Siempre que estemos dispuestos a sentir el dolor y el placer que siempre van asociados a las relaciones.

Quizá encontremos oro en lo más hondo del lodo tántrico.

28. UNA PUERTA DE ENTRADA A LO SAGRADO

¿A qué nos referimos cuando hablamos de *trauma*? Pensamientos que nos parecen impensables... Sentimientos que nos parecen intolerables... Sensaciones corporales que no podemos sentir o acoger por completo... Experiencias que no fuimos capaces de digerir del todo en el momento en el que se produjeron... Imágenes mentales que no queremos ver... Esa parte oscura de nosotros mismos de la que huimos, la «negatividad» de la que tratamos de ocultarnos, el miedo, las dudas y las frustraciones que tratamos de encubrir, disfrazar u ocultar.

Momento a momento, podemos empezar a permitir que incluso los pensamientos más intensos y aterradores regresen a los brazos sanadores del Ahora, al lugar al que realmente pertenecen.

En la presencia de un amigo afectuoso, de un terapeuta habilidoso, de una gran montaña, o del cielo (con todos sus dioses y sus ángeles), con la Tierra ancestral que nos sostiene como a un recién nacido, podemos dejar que nuestras defensas se quiebren y entrar en contacto con nuestro dolor y nuestra angustia más profundos, arrastrándolos en una riada de curiosidad, conciencia y amor.

Momento a momento, en el enorme espacio expandido de la meditación, podemos empezar a soportar lo insoportable, a tolerar lo intolerable, a respirar a través del más profundo sufrimiento... Lentamente y con atención plena, podemos impregnar de luz el horror, inundar con nuestra bondad y amabilidad las regiones más oscuras, iluminar el Inframundo, ahí donde habitan todas esas criaturas salvajes y temerosas.

Una herida, un dolor, es un portal. No te matará si te giras hacia él, si le prestas atención. Yo he conocido horrores en mi interior que me han empujado al límite mismo de la cordura, al umbral de mi propia mortalidad. Me he sumergido en un dolor, en un desgarro tan insoportable, que me parecía que mi corazón no iba a ser capaz de resistirlo ni un segundo más. He sentido una rabia tan ardiente y volcánica que podría destruir o crear todo el Cosmos.

Pero, momento a momento, fui capaz de tolerar lo intolerable, de aceptar lo inaceptable, de enamorarme de mi «enemigo» interior; un enemigo que resultó no ser más que un inocente niño que gritaba y pataleaba para conseguir mi amor. Mi propia carne, mi propia sangre. No un enemigo, no un extraño, no algo externo a mí, sino *una parte de mí mismo*. Esta comprensión cambió mi vida para siempre.

En el núcleo central de mis más profundos traumas encontré un rostro similar al mío devolviéndome la sonrisa. Descubrí un valor y un poder que jamás imaginé que tuviese. Encontré la seguridad suprema, a Dios mismo, quien había recurrido a mis más hondas heridas (en realidad, sus propias heridas) para que pudiese regresar a mí mismo (para que él pudiese regresar a sí mismo) y recuperar mi integridad, mi plenitud, mi completitud. Sin más separación.

Tu trauma es un agujero negro que, si intentas escapar de él, os chupará la vida a ti y a todos los que te rodean, pero el trauma también puede ser como un cuásar, una asombrosa dinamo generadora de nueva vida que se ve alimentada por la oscuridad y que emite más luz que veinte galaxias juntas.

¡Luz a partir de la oscuridad! ¡Alegría y gozo a partir del dolor! ¡Oro a partir del fuego alquímico que todo lo transmuta!

29. EL BUDA SALVAJE

Amigo mío, ahora mismo puedes deshacerte de ese ideal del individuo «calmado, indiferente, sereno y racional». Puedes dejar que la imagen del «Buda de piedra perfectamente pacífico» arda y se consuma en el fuego, pues no se trata más que de una terrible mentira. Es muy sano y saludable sollozar, gritar, lamentarse, suspirar, reír histéricamente a carcajadas, temblar, sentir miedo, ira, una tristeza profunda, una alegría extática, así como toda clase de anhelos y deseos profundos e intensos.

Dentro de cada uno de nosotros habita un Buda salvaje que es imposible domar. Cuanto más intentes suprimirlo, más fuerte y notorio se volverá. Cuanto más trates de arrinconarlo, de relegarlo, de hacer que parezca un loco (un ser «irracional» o «excesivamente emocional»), más iracundo, feroz y poderoso se volverá. Cuanto más corras tratando de huir de él, más correrá él detrás de ti. No lo derrotarás con palabras ingeniosas y filosofías sofisticadas. No puedes silenciarlo.

No podrás escapar de él porque tan solo estarás tratando de escapar de ti mismo.

En algún momento todos acabamos por tener que girarnos y dar la cara a este Yo Salvaje que llevamos dentro; empezar a sentir curiosidad por nuestros sentimientos naturales, nuestros deseos e impulsos, tanto los placenteros como los dolorosos, tanto los livianos como los intensos; comenzar a ofrecerles el gran presente de nuestra atención consciente, de nuestra respiración; brindarles nuestro amor y nuestra comprensión, un hogar permanente en nuestro interior, un espacio en el que puedan vagar y deambular libremente. Cuando hacemos las paces con nuestro lado salvaje también podemos hacer las paces con el lado salvaje de los demás. Cuando dejamos de temer nuestros propios sentimientos, también dejamos de intentar controlar (en vano) los sentimientos de los demás y sentimos mucha más compasión por nuestros salvajes compañeros. Entonces sollozamos juntos, gritamos, nos lamentamos, suspiramos, nos reímos histéricamente a carcajadas, temblamos, sentimos miedo, ira, una tristeza profunda, una alegría extática y toda clase de anhelos y deseos profundos e intensos, y por fin podemos celebrar todo esto como expresiones de la divinidad.

En ocasiones el propio Buda lloró como un bebé, se sintió justa y razonablemente airado y enfurecido ante las injusticias y los abusos que veía en el mundo y temió la muerte, pero permaneció firmemente anclado, sin miedo alguno, en el corazón mismo del temor y el miedo. Esa era la fuente del poder del Buda: un amor infinito e inquebrantable por el aspecto salvaje que todos llevamos dentro.

30. APACIGUA TU FUEGO

Uno de los mayores equívocos consiste en creer que «nunca tenemos que sentirnos molestos». Posiblemente aprendimos de nuestros padres, de nuestros gurús espirituales, terapeutas, guías religiosos o maestros de autoayuda que siempre hemos de mostrarnos pacíficos, estar tranquilos, calmados y centrados como ellos; que tenemos que estar relajados y equilibrados, ser sólidos, positivos y felices; y, por supuesto, que siempre hemos de ser compasivos, amables, tolerantes, desinteresados, así como aceptarnos y amarnos profundamente los unos a los otros. La rabia o la ira siempre se nos mostró como una emoción negativa o destructiva, algo que debíamos aprender a trascender.

Hermosos ideales. Bonitos sueños... Pero la realidad es que a veces a nuestro niño interior le importa un comino ser «bueno», «amable», «cariñoso», «compasivo», o incluso estar «feliz».

Y ni tan siquiera ha oído hablar nunca de la «espiritualidad».

Dentro de nosotros hay una parte hermosamente narcisista que a veces se siente herida, irritada, enfadada, asustada, disgustada...; una parte que se siente invisible, descuidada y falta de amor. Y cuando silenciamos a este yo interno, cuando lo reprimimos y lo asfixiamos, empieza a hervir desde lo más profundo del inconsciente con una rabia ardiente y feroz. Es inocente, y si se encoleriza es únicamente para conseguir nuestro amor y nuestra atención, pero claro, esto nadie nos lo enseña. Más bien nos enseñan a temer los sentimientos de rabia, a esconderlos para que ni nosotros ni el mundo puedan verlos en nuestros constantes intentos por mostrarnos como personas amables, buenas, felices y sumamente espirituales.

Esta *supresión* y este *rechazo* de nuestros sentimientos más profundos es lo que origina todo el sufrimiento y la violencia que vemos en el mundo, y no los sentimientos en sí mismos (que no son más que energías naturales e inofensivas que tan solo desean fluir en nuestro interior hasta alcanzar su resolución y, una vez hecho eso, dejarnos en paz).

En su lucha por ser escuchada, en su intento por atraer nuestra atención, la ira de esa pequeña persona que ha quedado olvidada en nuestro interior empieza a agotar la energía de nuestra vida, dejándonos deprimidos, letárgicos, exhaustos, y haciendo que lo único que queramos sea escondernos de la vida. La rabia reprimida alimenta nuestras adicciones y compulsiones, genera estrés, dolores crónicos y tensiones en el cuerpo, agrava las enfermedades e incluso da lugar a impulsos suicidas y homicidas que, a su vez, también reprimimos, negamos o intentamos silenciar. Y todo en un intento por mantener una imagen aceptable de nosotros mismos, de nuestro «yo».

Pero no podemos destruir ni eliminar a este pequeño ser que llevamos dentro. Lo único que hace es clamar por el amor que nunca recibió en la infancia. Cuanto más intentemos destruirlo, más intentará él destruirnos a nosotros. Lo que tememos y aquello contra lo que luchamos en nuestro propio interior tan solo se volverá más intenso y poderoso.

Cuando dejamos de lado todos esos ideales creados por la mente y nos giramos para enfrentar nuestra verdad viviente, puede ponerse en marcha un gran proceso de sanación.

Admitimos que no estamos llenos de «amor, luz y dicha» como habíamos pretendido, sino de lucha y conflicto. Para el ego, esta admisión es como la muerte, una terrible derrota para las fuerzas del miedo y la represión... Pero un absoluto alivio para nuestro auténtico ser.

Invitamos a toda esa rabia enterrada a que aflore en la conciencia para, de este modo, poder confrontarla finalmente. Conectamos con ese ser furioso que llevamos dentro. Por fin lo sostenemos en nuestros brazos, lo acogemos, dejamos que exista, que viva y se exprese de forma segura. Pregúntale qué necesita, cuál es su más profunda necesidad. ¿Se siente desatendido, no amado, decepcionado, triste, olvidado? ¿Se siente abandonado, abusado, arrinconado, inseguro? Esa rabia, ¿sobre qué vulnerabilidad concreta estaba tratando de llamar nuestra atención? Derramémonos sobre este precioso y pequeño ser de nuestro interior con una atención embelesada y llena de fascinación. Démosle un hogar y una voz, pues de ese modo dejará de controlarnos y por fin podremos ser su padre o su madre, pero no su esclavo.

Cuando nos hacemos amigos de nuestra ira, cuando respiramos a través de ella, cuando la calmamos con nuestra afectuosa atención, puede surgir una gran alegría, la dicha de la verdadera intimidad con nosotros mismos. Y podemos descubrir una paz que no es lo opuesto a la ira, sino que se halla en su mismísimo centro; es la paz que proviene del hecho de mantenernos cerca de nosotros mismos y celebrar todo lo que somos, incluido ese enorme poder que con tanta inteligencia emana para protegernos de cualquier daño, ya sea imaginario o real.

La ira no es «mala», no es un error, no es un signo de fracaso o debilidad. Es un precioso niño huérfano que llama a la puerta del Momento Presente y que anhela que le dejen entrar.

31. EL FINAL DE LA *NEW AGE*

Tu rabia, tu ira, tus dudas, tus penas y tus miedos no están «equivocados», no son «malos» o «poco evolucionados». Tampoco tienen nada que ver con un «nivel bajo de vibración», no son «negativos» o «poco espirituales». Todas estas palabras no son más que etiquetas y juicios elaborados por la mente, pero el Corazón no sabe nada de juicios ni de etiquetas. Antes de que aparezcan todas estas capas conceptuales, esta clase de sentimientos no son más que energías solitarias y perdidas en nuestro interior que buscan nuestra aceptación, nuestra calidez, nuestra empatía, nuestro oxígeno y nuestra curiosa atención.

Del mismo modo que una ola no es lo «contrario» del océano, el miedo tampoco es lo contrario del amor. El miedo es una expresión total y completa de la conciencia, de la misma conciencia oceánica que danza en forma de dicha, de alegría, de asombro y fascinación. El miedo es una forma de amor contraída, tensa, densa y autocontenida, pero no es su «opuesto».

Este entendimiento no-dual te cambiará la vida y empezará a poner fin a todos los conflictos y la oposición que albergas en tu interior.

Tú no «atraes» los abusos, las pérdidas o las desgracias por medio de una especie de «frecuencia vibracional» defectuosa. No fuiste tú quien «manifestó» a través de sus deseos el cáncer, la infección o la fractura que padeces. Esto no son más que antiguas historias de culpa y de victimización (la verdad, abiertamente narcisistas) basadas en la comprensión dualista.

Ya no necesitamos estos mitos y mentiras *new age*. En lugar de eso, girémonos y miremos de frente a la realidad, acojamos y demos la bienvenida a todos los sentimientos, incluso a los más «oscuros y sombríos», abracémoslos como los amados niños interiores que son, como las olas de nuestro Corazón, como expresiones fascinantes de lo Divino.

32. IR DESPACIO Y MOSTRAR EMPATÍA EN UN MUNDO ACELERADO

A veces, miro a mi alrededor, a este mundo nuestro, y se apodera de mí una tristeza muy profunda y ancestral. Aquí todos y todo se mueve tan condenadamente rápido que muchas veces me siento como un extraterrestre (un extraterrestre lento, pausado, atento, presente). Veo cómo la gente va corriendo de una experiencia a otra, sin apenas detenerse a contemplar el milagro de su existencia, sin tomarse casi nunca el tiempo necesario para dejar que la maravilla y la fascinación penetren en ellos. Se pasan días y días sin pararse a sentir ni por un solo instante sus propios sentimientos. Huyen adictiva y compulsivamente de sí mismos, siempre corriendo hacia un futuro imaginario, tan fascinados por el *allí* que se olvidan del milagro del *aquí*, tan identificados con el *hacer* que se pierden lo más valioso: *la simple sensación de estar vivo*.

Quizá estén a gusto. Quizá sean famosos, tengan éxito o sean extraordinarios. Quizá se dirijan hacia un mañana mejor y más emocionante. Sin embargo, están tan asustados de aminorar la marcha, de bajar el ritmo, de descansar profundamente, de detenerse e invitar a que aflore a la superficie lo que sea que se esconda en las profundidades de su inconsciente... Los terrores reprimidos, las ansiedades, todos esos anhelos infantiles que han quedado sin procesar, las vidas no vividas, los potenciales no alcanzados, las verdades no expresadas... Están enamorados de la luz, pero les da pavor entrar en contacto con la oscuridad. Se olvidan de la alegría natural de ser, del niño interior que fue aplastado y relegado para que pudiéramos convertirnos en «adultos». Desatendieron la alegría, el juego, el espíritu travieso y revoltoso, la distensión que había que adormecer para así poder «encajar» en la sociedad. Y ahora parecen estar contentos con los placeres superficiales: el éxito, la popularidad, la apariencia, los logros... Las cosas que importan pero que, a fin de cuentas, en realidad no importan. Satisfechos con una versión condicional y limitada de la felicidad. El tipo de felicidad que puedes publicar en Instagram, que puedes comprar y vender, para la que existe un opuesto y que puede venirse abajo con muchísima rapidez. La clase de felicidad que se ve bien.

Es triste ver cómo hemos olvidado nuestro gran potencial. Por supuesto, no se trata de que haya nada «malo» ni «equivocado» en ninguna de estas actividades inconscientes. Ciertamente, yo no me detengo a juzgar a mis hermanos y hermanas humanos. En su momento, yo también he sido completamente inconsciente. Amo profundamente esta humanidad vulnerable nuestra, entiendo el mecanismo por el que salimos corriendo y soy consciente de que todos estamos ya haciendo lo mejor que podemos, dando lo mejor de nosotros mismos en función de nuestros condicionamientos y nuestros miedos heredados. Yo también solía huir, pero tuve que desmoronarme, porque el amor que buscaba jamás podría encontrarse en el futuro. Siempre estuvo aquí, enterrado en mi propio Corazón, mucho más cerca de mí que mi propia respiración.

Simplemente desearía que todos pudiesen encontrar de verdad el valor necesario para detenerse, para descansar; para quebrarse, si es lo que necesitan; para llorar, si es lo que les hace falta. Y para, finalmente, *sentir*: el abandono, el desgarro, la frustración que inconscientemente llevaba las riendas de nuestra vida; para dejar de fingir de una vez; para sacrificar por fin todas esas cosas superficiales y adictivas a cambio de la verdad viviente, esa verdad aterradora, desorientadora, emocionante, embarazosa, incómoda y libre de ataduras.

No hay vergüenza alguna en el hecho de desplomarse y comenzar a respirar a través del caos y el desorden.

No cabe duda de que es todo un reto adoptar una actitud lenta, pausada y empática en un mundo acelerado; ser sensible en un mundo que se ha vuelto loco al obsesionarse con los objetivos y los resultados, con las estadísticas y las superficialidades; ser un amante en un mundo que ha reducido el amor a una mera mercancía;

estar despierto en un mundo que intenta adormecernos y luego trata de vendernos medicamentos, curas y distracciones para combatir el aletargamiento.

Y, sin embargo, a ti no pueden dormirte, no pueden aletargarte, entumecerte ni insensibilizarte. Ahora sabes el camino que has de seguir y ya no puedes dar marcha atrás. Tu sensibilidad es un precioso don en este mundo ajetreado y bullicioso. Puedes enseñarle al mundo cómo ir más despacio, cómo bajar el ritmo, cómo detenerse a contemplar la belleza en lo ordinario y lo mundano, cómo respirar, cómo sentirse cómodo con el espacio, con el silencio y el no-saber...

33. CAMINAR CON ALEGRÍA

A veces nos quedamos tan embelesados o hipnotizados con la meta, con aquello que queremos lograr, con el futuro, con ese «lugar en el que deberíamos estar», que nos olvidamos del terreno que pisamos en el presente, el lugar en el que realmente estamos, el lugar desde el que daremos el siguiente paso y donde se encuentra la vida.

Nos olvidamos de que en este momento estamos respirando, de que el viaje entero está hecho únicamente de respiraciones, de momentos fugaces que nunca más volverán a repetirse. Olvidamos nuestra propia presencia, tan sólida, tan fiable, tan constante en medio de los incesantes cambios que se van produciendo en el camino. El destino se ha vuelto más importante que la presencia; nos hemos perdido en el tiempo.

La felicidad no es un lugar que se alcance. No va a aparecer como por arte de magia una vez que hayamos completado el recorrido. La felicidad reside única y exclusivamente en el presente. Su hogar se llama *Ahora*.

La felicidad ya está presente en el propio sentido de estar vivo, en el vientre que se eleva y desciende, en el latir del corazón, en los sorprendentes sonidos del atardecer. La felicidad ya se encuentra aquí, en cada paso que se da o no se da. Incluso cuando nos sentimos perdidos, cuando aún estamos lejos de alcanzar nuestro destino o dudamos del siguiente paso que hemos de dar, la felicidad ya está ahí, caminando junto a nosotros, respirando por todo nuestro cuerpo, siempre dispuesta a aceptarnos y acogernos.

34. LA AVENTURA DEL AMOR

Anhelamos el amor tanto como lo tememos. Ansiamos que nos vean y nos reconozcan tanto como huimos despavoridos ante la posibilidad de ser vistos y reconocidos. Deseamos ansiosamente recibir el profundo abrazo de la intimidad, que se pose sobre nosotros la tierna y dulce mirada de la comprensión y la empatía tanto como tratamos de evitar esa misma clase de miradas. Es demasiado arriesgado. Supone estar demasiado expuestos. No hay lugar donde podamos escondernos. Dejar que nos vean equivale a morir.

Se desata una furiosa batalla en nuestro interior entre la parte no amada de nuestro ser, que solo quiere esconderse, y la parte que anhela el riesgo, la excitación y la aventura del amor.

De manera inconsciente sentimos atracción o repulsión por aquellos a quienes tratamos, con quienes hablamos, quienes nos quieren o nos dejan de querer del modo en que lo hicieron nuestros padres. A veces gravitamos en torno a aquellos que pueden sanarnos, y otras en torno a personas que no pueden hacerlo.

Pensamos que nos estamos enamorando de una cierta persona, pero en ocasiones tan solo nos enamoramos de la imagen que tenemos de ella; una imagen que no tiene nada que ver con cómo es en realidad.

Amamos y perdemos las imágenes de nuestro amor. Nos elevamos y caemos. Nuestro corazón asciende y se precipita. Se rompe en mil pedazos. Buscamos seguridad y tan solo encontramos inseguridad (y acabamos encontrando ahí la seguridad buscada). Buscamos la libertad y no encontramos más que la prisión de nuestra propia programación, perdemos la esperanza y luego la volvemos a encontrar...

A veces hace falta valor para poner fin a una relación. A veces hace falta valor para mantenerla. A veces hace falta valor para no hacer nada. A veces hace falta valor para admitir todo el dolor que estamos sintiendo. A veces hace falta valor para admitir lo felices que somos.

A veces damos un paso sin saber el motivo, y este tan solo se vuelve evidente y claro con el paso del tiempo, en retrospectiva. En todo caso, no podemos equivocarnos. El amor nos susurra al oído: «Da el paso, o no lo des».

Nos perdemos y nos reencontramos a nosotros mismos. Damos más de lo que somos capaces de recibir, agotando de este modo nuestras energías en nombre del «amor». O escapamos todo lo rápido que podemos e igualmente acabamos sin energías en nuestra huida del «amor».

«¿Alguien me verá, me escuchará, me sostendrá, dejará que me derrumbe...?».

El drama teatral del amor sigue su curso. Y a medida que se va desplegando la representación, vamos aprendiendo más y más sobre nosotros mismos. Empezamos a darnos cuenta de cuáles son nuestros puntos ciegos. Empezamos a discernir nuestros patrones inconscientes a la luz de la conciencia. Comprendemos todo lo que hemos dado por sentado, todas las suposiciones y asunciones que hemos adoptado. Nuestras fantasías infantiles comienzan a desmoronarse. De pronto, empezamos a sentir todo ese dolor que nunca quisimos sentir. La tristeza, el desgarro, la rabia... Sentimientos de rechazo, de abandono, de frustración y de culpa... Queremos huir, salir corriendo, regresar a nuestras antiguas adicciones, a nuestra conocida zona de confort, pero, por la razón que sea, no lo hacemos. Sentimos curiosidad. Dejamos de pensar tanto y empezamos a observar. Empezamos a relacionarnos con nosotros mismos, a conocernos, a tratarnos como lo que somos: el más apasionado y entregado amante, la más fascinante y querida de las criaturas.

Cada día que pasa nos vamos encontrando más y más profundamente con nosotros mismos. Vamos descubriendo quién somos en verdad, lo que sentimos y lo que no, lo que queremos y lo que no queremos. Aprendemos a decir «sí» cuando queremos decir «sí» y «no» cuando queremos decir «no», y si eso implica lastimar a alguien, les devolvemos la responsabilidad de reponerse de ello. Entendemos que el amor no es todo rosas, mariposas y sentimientos positivos. También implica esfuerzo. Es muy caótico. Es el dolor y el coraje y la valentía de respirar a través de dicho dolor para, de este modo, transformarlo en alegría y expansión. El amor nos exige que nos volvamos cada vez más y más reales, más y más humanos, más y más conscientes, más y más imperfectos. Más conscientes de nosotros mismos y dispuestos a sentir más y más y más... Y a veces también nos exige que dejemos que se nos rompa el corazón; a veces no saber; a veces sentirnos aburridos y hastiados; a veces estallar de dicha y felicidad; a veces estar llenos de vida; a veces no tener ni idea de cuál es el siguiente paso que hemos de dar... O de si hemos de darlo o no darlo...

El amor no es un sentimiento, un estado o una experiencia. No es un destino que alcanzar, sino esta Luz extraordinaria que resplandece en nuestro interior, este radiante Saber que nunca nos abandona, la Felicidad, la Alegría y la Dicha de estar vivos.

Podemos ser conscientes de ella juntos. Podemos ser conscientes de ella en soledad. Podemos recordárnosla los unos a los otros, y también olvidarla. Podemos actuar como detonante para los demás y ayudarnos mutuamente a mostrarnos curiosos e interesados por todo lo que esto desencadena. Podemos hacer todo esto o no hacerlo.

Podemos encontrarnos en el fuego del amor. Caminar juntos o no. Compartir nuestro corazón. Retroceder. Avanzar. O quedarnos justo donde estamos. Aprender a amar su danza, su espontaneidad, su sentido de aventura, su misterio, su inmediatez y su intimidad, y también el hecho de huir de ella. Aprender a desaprender lo que sabemos y abrazar el no-saber como una nueva forma de saber. Y estar cada vez más y más felices y satisfechos con el propio hecho de que todo esto no tenga resolución posible. Cada vez más y más felices con esa parte de nosotros que se siente infeliz, más seguros en la inseguridad, con más certeza de la incertidumbre. Cada vez más y más dichosos y extasiados ante nuestra falta de dicha y de éxtasis. Cada vez más y más curiosos por lo que se da aquí Ahora. Cada vez menos sólidos, más distendidos, informales y desenfadados. Siendo cada vez menos buscadores del amor para convertirnos cada vez más en dadores del mismo, en «encontradores» del amor y de esta Presencia salvaje que invita a los demás a esta misma clase de felicidad y de alegría.

Esta es la Aventura del Amor que se despliega en todos y cada uno de los momentos de nuestra vida.

35. LA TERNURA DEL CORAZÓN QUE SE ABRE DE NUEVO

Mi amor, sé que ahora mismo sientes que tu corazón está cerrado.

Te sientes solo, desconectado, separado, como si no formases parte de este mundo, y todas esas cosas que antaño te alegraban ahora ya te parecen tremendamente lejanas. Pero quiero que sepas que sigues siendo precioso, que sigues siendo un asombroso movimiento de la creación, fascinante y hermoso tal como eres, incluso con toda la cerrazón y el desgarro que sientes en el corazón.

Querido mío, pon tu atención en el aquí y ahora, pues el pasado y el futuro no son tu verdadero hogar. Siente curiosidad por tu propio cuerpo. Siente su peso, su gravedad, su calidez. ¿Hay alguna zona en la que sientas tensión, presión, pesadez? ¿Detectas como un entumecimiento, una falta de vida o una sensación de asfixia en alguna parte concreta? ¿Tienes una sensación de expansión, de espacio, luz y cosquilleo en otras? ¿Sientes como un hueco o un vacío en el vientre? ¿Una tensión en la garganta? ¿Una sensación de opresión entre los ojos? ¿Tienes la mandíbula tensa o relajada? ¿Cómo es tu respiración en este momento? ¿Qué sonidos escuchas a tu alrededor en este instante? ¿Cuál es el sonido más intenso que eres capaz de oír? ¿Cuál es el más cercano? ¿Y el más lejano? ¿Puedes sentir curiosidad por este momento, por el fotograma presente de la película de tu vida, y contemplarlo como lo haría un niño? ¿Puedes presenciarlo, atestiguarlo, sin juzgarlo ni intentar modificarlo en modo alguno? ¿Puedes darle permiso a este momento para que sea tal como es? O, si no puedes hacerlo, ¿puedes permitir eso también? ¿Puedes darle permiso incluso a la resistencia que sientes a este momento, a tu falta de aceptación, tu «no», tu rechazo a lo que es? ¿Puede haber espacio aquí para todo; para el dolor, la soledad, el agotamiento, la pesadez y la frustración, incluso para la desesperación? ¿Puede todo eso quedar acogido y sostenido en el momento, de la misma forma en que una madre sostiene a su precioso hijo recién nacido?

¿Puedes llegar a estar bien
con el hecho mismo
de no estar bien en este momento?

Amado mío, quizá no haya ningún error. Quizá nada, absolutamente nada, esté yendo mal. Quizá la historia que tu mente ha construido sobre la vida no sea más que eso, una historia, un relato, y tú eres y estás aquí, pleno, entero, completo, previo y anterior a todas esas historias. Quizá no es ni nunca será tu destino saberlo todo, y quizá el corazón tenga que cerrarse a veces para protegerse, para descansar y rejuvenecer, y para que, en su momento, puedas sentir la ternura y la dulzura de su reapertura.

Quizá estás más vivo de lo que nunca creíste posible.

36. TU VOZ SALVAJE

La verdad siempre acaba saliendo a la luz.

Puedes tratar de suprimirla; puedes intentar amenazar, castigar, esclavizar o crucificar a quienes se atrevan a decirla; puedes escaparte de ella, intentar silenciarla, mitigarla, adormecerla, asfixiarla, culpabilizarla, ridiculizarla o echar sobre ella toda clase de mentiras, manipulaciones y medias verdades...

Pero, al final, la verdad siempre vencerá, porque la verdad es la vida.

Hace falta mucho valor para decir la verdad, pues, al hacerlo, tal vez pongas en riesgo el modo en que te ganas la vida, tus relaciones, tu reputación, tus posesiones mundanas, tus amigos y familiares, o incluso tu vida. Tal vez balbucees empapado en sudor al pronunciarla, sientas náuseas, la boca seca, y estés casi a punto de abandonar la idea y salir corriendo, pero, en última instancia, no puedes retenerla. Es más poderosa que tú. Te sobrevivirá y perdurará cuando tú ya no estés aquí. Naciste de ella y a ella regresarás. Se expresa a través de ti; tú eres el recipiente o el contenedor que la verdad usa para manifestarse. Y cuando eres conocedor de la verdad y la declaras al Universo y a todo aquel que quiera escucharla, es muy posible que también sientas dudas, culpa, vergüenza, un miedo atroz a verte abandonado, y que surjan todos esos viejos pensamientos que te aconsejan que cierres la maldita boca.

Pero te sentirás increíblemente vivo, seguro, en el camino que te corresponde, alineado con tu propio destino, con tu propio llamado, plenamente dispuesto a afrontar las consecuencias momento a momento, aliento a aliento, respiración a respiración. Y quienes deseen escuchar tu verdad empezarán a congregarse en torno a ti, y por fin conocerás a tu verdadera familia.

No existe en la tierra un poder mayor, un agente de cambio más intenso y eficaz (ni una experiencia más excitante y apasionante) que tú, vivo y salvaje con tu propia verdad.

37. EL COMPROMISO MÁS PROFUNDO DEL AMOR

Amor mío, no cometamos el error de comprometernos a tener un futuro juntos. El futuro es tan desconocido, y nosotros somos tan fluidos y cambiantes, estamos tan vivos y tan cansados de fingir que sabemos...

En lugar de eso, comprometámonos con la Presencia, con encontrarnos en el fuego del hoy, del ahora. Comprometámonos con conocernos y dejarnos conocer de verdad, con recorrer este camino de sanación donde sea que nos lleve.

Con decir la verdad, tanto al otro como a nosotros mismos.

Nuestros pensamientos y sentimientos siempre están cambiando y transformándose en nuestro interior. Son incontrolables, como un océano salvaje de amor. Nuestros deseos crecen y menguan. Nuestros sueños nacen y mueren a cada momento. Así que, hoy, mejor no nos comprometamos con ninguna forma concreta del amor, pues las formas cambian como las mareas, cambian constantemente. Ahora no necesitamos todas las seguridades del pasado. Adoptemos mejor un compromiso mucho más profundo, uno que jamás puede romperse ni perderse. Comprometámonos con el amor mismo; con la presencia; con encontrarnos en el «aquí y ahora»; con mostrarnos por completo y sacar todo nuestro ser a la luz; con decir la verdad, ahora, hoy mismo, conscientes de que esa verdad puede cambiar mañana; con escucharnos el uno al otro; con inclinarnos reverencialmente ante la experiencia del otro, incluso si nuestro corazón está roto y sensible, incluso si con nuestros actos ocasionamos el mayor dolor en la otra persona, la mayor decepción, la más profunda frustración, el más profundo anhelo o el más intenso impulso.

Comprometámonos con encontrarnos directamente con nuestro propio dolor. ¡Sí! ¡Para amar al otro hacen falta mucha valentía y coraje! Porque el amor es un campo, un espacio, y no una forma. Comprometámonos con ese campo, con ese espacio, y recordémoslo en todos y cada uno de los momentos que pasemos en esta tierra, sintiendo devoción hacia él, adorando el Ahora eterno.

Puede que de aquí a diez años sigamos juntos. Incluso que tengamos hijos. Puede que vivamos juntos o separados. Que no nos volvamos a ver. Este podría ser nuestro último día juntos. Si somos honestos, en realidad no lo sabemos, y este no-saber es nuestro Hogar. Cuando tenemos los ojos bien abiertos, cuando estamos despiertos, vivimos muy cerca de la vida, muy cerca de la muerte, muy cerca de la inseguridad, muy cerca de la pérdida. Pero justo aquí (al borde mismo de las cosas) es donde encontramos toda esta vitalidad tan resplandeciente, donde todo es siempre nuevo, donde constantemente nos sorprendemos ante nosotros mismos y ante los demás.

Podemos ser amigos, o amantes, o extraños, o familiares, o bien podemos permanecer en un estado indefinido que esté más allá de toda narrativa, con un amor que no se pueda capturar en palabras. Aquí, al límite mismo de lo conocido (en esa línea que algún día separó la cordura de la locura y la duda de la certeza), jugamos, bailamos, tomamos el té, nos acariciamos, lloramos, reímos, nos encontramos... Sacrificamos toda comodidad y toda previsibilidad, pero lo que ganamos a cambio es absolutamente asombroso: esta tremenda sensación de estar vivos. Dejamos de ser insensibles a los misterios del amor, a los misterios de nuestro propio cuerpo. Tal vez con una cierta crudeza, sintiéndonos algo tambaleantes, precarios e inestables... Quizá con una cierta sensación de desorientación, pero puede que este sea el precio que haya que pagar por ser total y absolutamente libres. Tal vez alguna antigua parte de nuestro ser aún siga buscando a mamá o a papá, a esa «persona mágica» que jamás nos abandonará, que nos proporcionará todas las respuestas y nos despojará de toda esa soledad que llevamos reprimida en las entrañas. Así que amaremos también a esa parte asustada de nosotros mismos, la honraremos, pero dejaremos de ser controlados por ella.

Y la gente nos preguntará: «Pero ¿qué hay de tu porvenir? ¿Por qué te asusta el compromiso? ¿Por qué huyes de la seguridad, de la comodidad, del futuro, de lo convencional, de lo conocido?». Te dirán que estás loco, que no sabes lo que es el amor, que estás perdido, que no eres más que un egoísta incapaz de amar... Y tú te limitarás a sonreírles, a comprender su miedo, porque antes ese miedo también fue tuyo, pero ahora ya no puedes abandonar tu nuevo camino. Y no es necesario que nadie más camine a tu lado. Nunca.

Llegará un momento en el que tan solo la Verdad te satisfará. Una Verdad viviente que se renueva a sí misma a cada momento, la Verdad salvaje de tu corazón.

Cuando el Amor y la Verdad son Uno, cuando el Compromiso está profundamente enraizado en nuestra propia respiración, podemos finalmente estar cara a cara, frente a frente, libres de resentimientos, y estallar en el más melancólico de los atardeceres, sostenidos y arropados por la dicha más profunda que puede existir.

Caminando en soledad, en compañía, en soledad...

38. LA SOLEDAD CONTIENE SU PROPIO REMEDIO

Cuanto más te rindas y te entregues a la presencia, a esa libertad existencial que es tu derecho de nacimiento y tu verdadero hogar; cuanto más te relajes en ese estado que se encuentra más allá de la mente y sus condicionamientos infinitamente complejos; cuanto más te desprendas de esos roles y esas actividades a los que recurres normalmente para escapar de ti mismo, más te encontrarás con los anhelos, las ansiedades y las inseguridades crudas y desnudas de las que siempre estabas huyendo.

Siempre has estado buscando seguridad en un cosmos intrínsecamente inseguro.

Cuanto menos te identifiques con los relatos, más desamparado, perdido y sin hogar puede que empieces a sentirte. Pero esto no es algo malo. Esa sensación de desamparo, de no tener un suelo bajo los pies, es el camino, la verdad, la vida; es la manera en que podemos llegar a conocer la libertad pura de un modo íntimo y profundo. Como enseñó el Buda, no hay nada a lo que nos podamos aferrar, ningún lugar al que nos podamos asir, nada en lo que nos podamos apoyar. Ningún hogar. Ningún descanso para el buscador. Salvo aquí, en la presencia. Salvo en la respiración. Salvo en este espacio de auténtica aceptación. No puedes establecer tu base en el terreno inestable de la mente.

Hay una soledad y un sentimiento de pérdida muy profundos que son inherentes a la propia experiencia de la libertad. Es la soledad de la meditación pura, la pérdida de un mundo sólido; es la soledad de los planetas distantes que giran en el seno de una noche infinita. Es la soledad de encontrarnos eternamente en un momento de pura creación. Es la soledad que surge al abandonar el mundo conocido y enfrentar los preciosos momentos a medida que van pasando. Es la soledad que habita en el núcleo central de todos los seres, una soledad que equivale a la comprensión: «Estoy viviendo, estoy muriendo, y no puedo resolver este Misterio por mí mismo. Tampoco nadie puede resolverlo por mí. Nadie puede respirar por mí, amar por mí, morir por mí...».

Es una soledad divina, un sentido sagrado de pérdida que no es malo, no es erróneo, no es una equivocación, no es peligroso, ni pecaminoso, ni vergonzoso, ni algo que indique que estamos rotos, incompletos o «estropeados» (que, de algún modo, hay algo que está mal en nosotros). No; en realidad, es una energía que nos nutre y nos hace crecer, que relaja y reconforta, que nos infunde vida; es un portal mal comprendido hacia la paz, hacia el auténtico amor hacia nosotros mismos, hacia la plenitud, la felicidad, la dicha y la alegría. Es una soledad que nunca te abandona, que no depende de cuántas personas te rodean ni de lo «popular» que eres o de cuántos «fans» tienes; una soledad que en realidad forma parte integral del Ser mismo; que, instante tras instante, te llama para que vuelvas a casa, para que regreses a tu verdadero hogar. De vuelta aquí. Al cuerpo. A la tierra. Al día tal y como se va desplegando. A la maravilla de las cosas. Al verde dolorosamente verdoso de la hierba en primavera. Al azul increíblemente azul del cielo en verano. A la fascinación y el asombro por la creación que detiene la mente en seco. A la belleza que ni tan siquiera somos capaces de empezar a expresar con palabras; esa belleza que solo existe por un momento y es imposible de atrapar.

¡Salimos de la mente y nos sumergimos en esta presencia, en esta honda intimidad con la vida! Se trata de una clase de soledad que no te separa, no te aísla, sino que en realidad te conecta profundamente con todas las cosas. Es una soledad sana, saludable, y hacen falta mucha fuerza y mucho valor para permanecer cerca de ella y no escapar por medio de las distracciones habituales.

Es la clase de soledad que en última instancia ha de enfrentar todo aquel que recorra el camino de la meditación.

Y así, cuando dejes de huir recurriendo a tus adicciones (las cuales están diseñadas para ayudarte a «escapar» de la soledad) y, en lugar de eso, profundices íntimamente en esta soledad; cuando la nutras, la cultives, la mantengas cerca de ti; cuando respires tierna y amorosamente a través de ella; cuando la comprendas, conVerses con ella, la invites a tu interior, la pintes, la cantes y la bailes, entonces comprenderás también la soledad que mora en el corazón de todos los seres humanos; el irresoluble anhelo de Dios; el descanso, el amor y la seguridad que habita en el mismísimo núcleo central de todos los seres. Tu corazón se resquebrajará y se partirá en dos lleno de compasión y no volverás a sentirte solo nunca más. Saldrás de la historia de la separación, de esa gran película que lleva por título «Me han abandonado», y conectarás de un modo muy íntimo y profundo con esa exquisita, tierna y fraterna soledad de ser aquello que es pura libertad.

Descubrirás en tu propio interior al Uno, al «Solitario», y lo amarás, por lo que jamás volverá a sentirse solo.

Entrarás en contacto con la vida justo en el punto en el que se crea.

La soledad contiene su propio remedio, así que sumérgete en ella.

39. CARTA A VINCENT VAN GOGH

Me hubiera encantado tener ocasión de conocerte, Vincent. De haber estado ahí, a tu lado, en ese umbral en el que lo intangible se convierte en forma. De haberte servido de apoyo en ese precipicio vertiginoso a través del cual ingresamos a la vida y, a su vez, somos penetrados por ella, sin protecciones, sin respuestas... Ese espacio que todo verdadero artista conoce, por el que se siente atraído y al que teme, del que huye y al que regresa al fin, pues no tiene más opción que formar parte de él. El espacio en el que el yo, el mundo y los otros se disuelven, donde tan solo quedan girasoles de intenso amarillo, eternidades de trigo danzante, cielos que estallan en mil estrellas, océanos rabiosos enloquecidos de puro blanco y azul y de todas las tonalidades posibles del verde. El espacio en el que no hay lugar alguno al que podamos llamar nuestro «hogar», salvo ahí, en el ver mismo, en el propio hecho de contemplar. Un mundo al borde de las lágrimas, al borde de las estrellas, que nadie puede entender salvo quien deja de intentarlo.

El ver. ¡El ver! ¡A menos de un milímetro de la locura, a menos de un milímetro del éxtasis! Amigo mío, me hubiera gustado poder abrazarte y sostenerte ahí, recordarte que estabas a salvo, que tu soledad era sagrada, que en tu desesperación no había nada de lo que tuvieras que avergonzarte, que ni tan siquiera tus más oscuros secretos, impulsos y fantasías estaban equivocados, que no se trataba de condenados «fallos», que no eran signos de fracaso, ni evidencias de que estuvieses enfermo, ni pruebas de que no estuvieses destinado a habitar en este mundo. No, tus defectos humanos eran arte, ni más ni menos; el arte del futuro, como tú mismo lo llamaste, en el que el campesino es rey y los momentos más comunes y ordinarios contienen en su seno una profunda inmensidad. El arte futuro de ver cada maldita sombra de nuestra imperfecta humanidad como una expresión de la divinidad (de la misma divinidad que le daba vida a esos campos de trigo en los que te perdías durante días y días, pintando, siempre pintando, pintando por toda la eternidad...). ¿Te das cuenta? Tus sentimientos también eran como girasoles; tu alegría y tu dolor eran tan inmensos y estaban tan llenos de vida como esos cielos estrellados, como esos océanos que estallan plenos de luz, de color y de movimientos estremecedores. Y, Vincent, todas esas extrañas sensaciones que afloraban en tu cuerpo, todos los traumas que jamás te atreviste a encarar, también fueron bellos, hermosos y seguros. Al menos, así es para mí. Y también para muchos otros que recorren este extraño sendero del despertar. Tuviste una familia que nunca conociste. Ojalá hubiésemos podido conocernos.

Una fresca tarde de verano, en un campo de trigo de Auvers, perdiste toda esperanza, o tal vez intuiste una esperanza tan vasta e inalcanzable que finalmente quebró en dos tu espíritu... Te pegaste un tiro en el pecho con un revólver en aquella pequeña habitación en el ático, y dos días más tarde tu corazón se detuvo y deveniste infinito. O, mejor dicho, el infinito te tomó nuevamente en su seno, de vuelta a tus amados campos de trigo, pero ahora siendo inseparable de ellos; de regreso a la luz, a la madre, al Hogar. Y encontraste descanso, la más profunda clase de descanso, la clase de descanso que jamás lograste conocer en tu corta vida.

En aquella minúscula habitación te rodearon con girasoles, con dalias amarillas y con tus últimos cuadros. Te lloraron y te recordaron (en todo caso, ninguna iglesia habría podido contenerte).

Por entonces tenías treinta y siete años.

Oh, yo no creo que estuvieses loco. Creo que estabas demasiado vivo para este mundo. Los almiares, los pobres que comían patatas, las prostitutas y las raíces de los árboles te conmovían hasta las lágrimas. Creo que veías con tanta profundidad y sentías con tanta intensidad que no pudiste encontrar tu hogar aquí, pues te sentías constantemente desgarrado por la doble atracción que sentías por el cielo y la tierra. Y también creo que nadie te enseñó el modo de sostenerte a ti mismo en un punto intermedio, del mismo modo que tú sostenías la luz siempre cambiante que caía sobre esos almiares de heno.

Vaya. ¡Me hubiera encantado conocerte, amigo mío! Eso es todo.

Gracias por tu coraje. Gracias por ayudarnos a ver.

Gracias por los girasoles, por los lirios, por los campos de trigo, por el almendro, por las noches estrelladas.

40. LA QUIETUD EN EL CAOS

Te duelen las piernas. Te has pasado todo el día de pie y ahora aguardas tu turno en la larga cola de la máquina expendedora de billetes. Acaban de anunciar que tu tren va con retraso. Sientes cómo la frustración se va acumulando en tu interior. La impaciencia, la irritación, la desesperación...

Resistencia al momento, al modo en que son las cosas.

De pronto, recuerdas que estás respirando. Y que esa respiración tiene lugar Ahora. Y que nunca tienes que ocuparte más que de un único Ahora. Y, en lugar de pensar en tus pies cansados, te limitas a sentirlos. Les prestas un poco de atención (que, en sí misma, es amor). Y, en lugar de tratar de hacer desaparecer la frustración que sientes en el pecho y el estómago, te limitas a sentir esta inocente sensación.

Y sientes el peso de tu cuerpo, la forma en la que descansa suave y reposadamente en la gravedad, cómo lo sostiene la sagrada tierra.

Y sientes cómo tu vientre se expande y se eleva al inspirar. Cómo cae y se relaja al espirar. Y ahora todos los sonidos que te rodean se vuelven inocentes; te conviertes en un micrófono blando y suave. Y los pensamientos que zumban y runrunean en tu cabeza no son sino pequeños pajarillos que, alejándose en su revoloteo, entonan su canción.

Y todo está bien. Todo está bien. Todo está presente. Todo está bien.

Incluso lo que no está bien, ahora está bien.

En este momento, está bien que la vida sea así.

Y, una vez más, vuelves a encontrar la gratitud. Estás vivo, se te ha concedido un día más. Un día para vivir. Un día para respirar, para saborear la experiencia humana, para degustar sus alegrías y sus tristezas, para empaparte de estaciones de trenes, de máquinas expendedoras de billetes y de la gloria y el hastío que los rodean, su ajetreo, su estruendo, la frustración que te producen... Lo estúpido y lo ridículo de todo ello... Su impacto, su impulso y su poder de arrastre, su absoluto caos...

Ya te has rendido. Ya te has entregado. Y, de pronto, te ves a ti mismo sentado en el tren que te lleva a casa y confiando en una especie de plan atávico e indescifrable.

41. LA SENDA DEL CORAZÓN ROTO

«Aclara y purifica tu vibración y dejarás de atraer cosas malas».

«Si tienes miedo, si te resistes, si sientes ira y rabia en tu interior, dudas y sentimientos de culpabilidad, entonces a buen seguro sigues morando en tu ego y no estás en absoluto iluminado».

«Cuando piensas que hay algún problema con las palabras o los actos de otra persona, eres tú el que está confuso».

«Todo es únicamente tu propia proyección. Todo está en tu mente. Todo es irreal».

«Tú mismo has atraído el dolor que sientes, porque lo has deseado y, por consiguiente, mereces tenerlo».

«Estás demasiado apegado al cuerpo. Trasciéndelo. Tú no eres ese cuerpo».

«El pasado es una ilusión, así que, ¡despréndete de él inmediatamente!».

No, no «siempre» es tu proyección. De hecho, a veces percibes con total claridad.

No, no todo está siempre «solo en tu mente». A veces necesitas confiar más en tu instinto, no menos.

No, tus dudas y tus temores no son un indicativo de tu falta de evolución espiritual.

No, no atraes los abusos por medio de una especie de «frecuencia vibratoria» defectuosa.

No, no mereces ser violado ni ultrajado en modo alguno, ni en nombre de la verdad, ni en nombre de Dios, ni en nombre del amor, ni en nombre de nada. Tus límites merecen ser respetados, tu «sí» y tu «no» por igual.

No, no está bien que los maestros espirituales avergüencen a la gente «por su propio bien» (para causarles una conmoción que los lleve al despertar, que les ilumine, que los ayude a desprenderse de su «ego»).

No puedo apoyar ninguna espiritualidad que descarte nuestra tierna, frágil y vulnerable humanidad, que haga que nos avergoncemos de nuestros preciosos pensamientos y sentimientos humanos, que separe al «yo» del «no-yo», lo divino de lo humano, lo sagrado de lo profano, lo absoluto de lo relativo, el cielo de la tierra, la dualidad de la no-dualidad.

En cierta ocasión vi cómo un famoso maestro espiritual se dirigía a una mujer que estaba pasando por un duelo porque recientemente había perdido a un hijo. Le dijo: «Tu angustia es totalmente irreal y tan solo es la actividad del yo separado. Tú eres pura Conciencia y nada más que eso. Tu hijo y su muerte no son más que una ilusión convincente de la mente. Algún día, el yo separado desaparecerá, y con él, todo tu sufrimiento».

Y en ese momento, me di cuenta de la profunda inhumanidad que yacía en el núcleo esencial de la espiritualidad contemporánea, de lo atroz, lo enfermiza y lo disparatada que era. La invalidación del trauma, las falsas promesas, los juegos de poder, la supresión de lo divino femenino...

Y me juré a mí mismo que honraría y respetaría ese corazón roto como si se tratase de Dios mismo, de la Diosa misma.

Siempre, hasta el fin de los tiempos.

42. DEVOCIÓN SALVAJE PARA UN MUNDO EN LLAMAS

Amor mío, somos los recipientes, los contenedores, la forma y lo que carece de forma. ¡En nuestro vientre galaxias enteras se dan nacimiento a sí mismas! Estamos llenos del rugido de los leones, de anhelos ancestrales no cumplidos, de madres, de hijos, de los vivos, de los muertos, de los lamentos por un mundo que aún no ha nacido.

«En este momento nuestros cuerpos se entrelazan y entremezclan, pegajosos, sudorosos, fusionándose con la tierra, atravesados por la tierra... Carbono, hidrógeno, oxígeno... El momento presente colapsando en sí mismo, el espacio convirtiéndose en tiempo infinito, extrañas bestias y criaturas que luchan, miembros ensangrentados que vuelan aquí y allá, desgarrándose, desmenuzándose, pulverizándose, esparciéndose, reventando... La naturaleza devorándose a sí misma, la muerte como vida... Eternamente, yo soy tú y tú eres yo».

Somos los que aún conservamos un corazón que ruge como el trueno, unas extremidades que cortan como los rayos. No nos conformamos con respuestas fáciles. Nos mantenemos muy cerca del pulso y el palpitar de la vida, de sus punzadas, su agitación, sus truenos y la luz de sus relámpagos. Nos quebramos a diario en el altar de la experiencia, nos rompemos en pedazos por amor... Rotos y penetrados, rotos una y otra vez, implacablemente, sin descanso, atrapados en esta unión erótica hasta la extenuación, hasta alcanzar el clímax de una mayor apertura, siempre abriéndonos, incesantemente, sin descanso, penetrando y dejándonos penetrar, inundando y dejándonos inundar, con tanta intensidad, con tanto poder, tanto placer, dolor, dicha y melancolía, en una danza extática de cercanía y separación, de amor y anhelo, de luces y sombras.

Antes de nuestras ingeniosas e inteligentes filosofías, antes de las máquinas, antes de la Tierra misma... Encontrémonos aquí, totalmente perplejos y fascinados ante el hecho de que, contra todo pronóstico, existimos. ¡Existimos!

Sí, amor mío, pueden ridiculizarnos, pueden decir que somos unos incivilizados, pueden encerrarnos, pero no pueden despojarnos de nuestro carácter indómito, ¡no pueden destruir la devoción que sentimos hacia este mundo en llamas!

43. CÓMO AFRONTAR EL MIEDO

En cierta ocasión estuve conversando con un joven que estaba absolutamente asolado por el miedo. Sentía que su vida estaba estancada, se sentía bloqueado a nivel creativo, retenido por sus demonios internos. Soñaba con escribir un libro, con compartir su verdad y su arte con el mundo, pero cada vez que contemplaba la idea de escuchar a su corazón y dar el siguiente paso se le quedaba todo el cuerpo agarrotado y su mente enloquecía de puro miedo y cobardía. En su cabeza había un montón de voces que le aconsejaban que tirase la toalla, que le hacían imaginar todo lo que podía salir mal y las mil maneras en que la gente podría responder de forma negativa a su arte. Lo rechazarían, lo juzgarían y lo ridiculizarían, y eso era más de lo que podía soportar. Llegó un momento en el que le agobiaba incluso pensar en hacer aquello que realmente le gustaba, así que se escondió de la vida y de su verdadera vocación. A veces se sentía tan triste y tan paralizado que no era capaz ni de salir de casa.

Le pregunté si le importaría que lo guiase para que, juntos, pudiésemos conocer un poco mejor sus miedos más profundos.

Me respondió que estaba dispuesto a intentarlo. Así que lo invité a volverse intensamente consciente de todas esas voces y esas imágenes que tenía en la cabeza, a convertirse en el espacio en el que toda esa actividad mental tuviese permiso para surgir y expresarse. No necesitaba librarse de aquellas voces, ni tampoco silenciarlas, sino simplemente escucharlas como antiguas voces de la infancia, voces de culpa y miedo que en realidad tan solo estaban intentando «protegerlo» limitándolo y empequeñeciéndolo para mantenerlo a salvo. (En última instancia, ni tan siquiera eran «sus» voces y sus pensamientos, sino las que escucharon su padre y su madre, así como los padres de estos, y así sucesivamente. Voces ancestrales que ni siquiera eran suyas). Ahora, ya de adulto, en la seguridad de la Presencia, junto a mí, podía escuchar esas voces y contemplar esas imágenes aterradoras sin interpretarlas como la Verdad, sino considerándolas tan solo como manifestaciones creativas de la mente.

Ahora podía decir: «Gracias, mente, por tus sugerencias, por tus miedos y tus futuros imaginados, pero no voy a seguir siendo tu esclavo».

A continuación le pedí que llevase la atención al cuerpo. ¿Qué sensaciones encontraba en él que estuviesen reclamando su atención? ¿Dónde residía este «miedo»? Me habló de la gran pesadez que sentía en el vientre y el pecho, una sensación de presión y contracción que le había acompañado siempre, desde que podía recordar. Lo invité a estar totalmente presente con esas sensaciones que él etiquetaba como «miedo» sin tratar de arreglarlas, modificarlas, sanarlas o alejarlas en modo alguno. Le urgí a que les diese espacio, a que las dejase vivir, a que respirase a través de ellas, a que las arrastrase con su torrente de oxígeno. Lo animé, en suma, a que les otorgase la bendición de su amorosa atención.

Mencionó que a medida que las iba bañando en su amorosa atención, las sensaciones empezaban a fluir y a volverse más intensas. Eran energías que estaban ascendiendo por su cuerpo, aflorando a la superficie:

–La energía está llegando a la garganta... a la cabeza...

–Muy bien. Limítate a permitir que así sea. Deja que la energía fluya. Estás a salvo.

–Ahora ya está por todas partes... Uf... Este miedo me está atravesando todo el cuerpo, es como un virus que se expande...

–¡Sí! ¡Muy bien! Permanece con él. Respira a través de él. Solo quiere moverse, que lo acojas en tu seno. Confía en él.

–¡No! ¡No puedo soportarlo más! Este miedo... ¡Me va a matar! Me va a...

–John, ahora mismo, en este preciso instante, ¿sigues vivo?

Pude ver cómo salía de su mente, cómo abandonaba su futuro basado en pensamientos intimidantes, y regresaba a la seguridad de su cuerpo, a la seguridad del Ahora que estábamos compartiendo.

–Sí. Estoy aquí.

–Entonces, aún no te ha matado. Ahora, en este momento, ¿estás vivo?

–Sí...

–Sí. Ahora... Ahora... Ahora... Sigues aquí conmigo. Aún estás vivo.

Me di cuenta de que estaba empezando a pensar en su miedo nuevamente...

–Lo odio. ¡LO ODIO! VOY A...

–¡Sí! ¡Y sigues estando aquí! ¡Ahora! Estoy aquí contigo, John. Estamos aquí juntos. Tan solo permite que...

Y de repente toda su resistencia al miedo desapareció. Dejó de pensar en el futuro y se desplomó profundamente en su cuerpo, en una honda Confianza. El miedo seguía ahí, seguía estando vivo y presente, pero ahora se había vuelto mucho más grande que él. Ahora John ya no estaba inmerso en el miedo, sino que era el miedo el que estaba en él. Era él quien lo acogía, lo sostenía y lo abarcaba en su ser, y no al contrario.

Se había convertido en el espacio mismo en el que aparecía el miedo.

—¿Ves? Ahora estás permitiendo que aparezca todo este miedo y sigues vivo, ¡sigues respirando! Ese es tu poder, tu capacidad de estar presente con el miedo, de darle espacio.

—Sigo aquí. ¡No me ha matado! Pensé que me iba a morir...

—¿Cómo te sientes ahora, John?

—Tembloroso... Con una sensación de calidez... Un hormigueo... ¡Me siento vivo!

Había encontrado el coraje y el valor necesarios para afrontar aquello que sentía como insoportable en su interior. Y fue capaz de soportarlo, sin esfuerzo, con gracia.

—Sí. Ahora ya sabes cómo enfrentarte al miedo: mirándolo directamente a los ojos, estando presente con él, confiando en él, dejando que fluya en ti hasta que alcance su resolución. El miedo es seguro. Tu cuerpo sabe qué hacer. El miedo no puede lastimarte, John. Puede llegar a ser muy intenso, muy molesto, completamente aterrador, claro que sí, pero no puede dañar a Quien eres real y verdaderamente.

—Sí. ¡Sí! Ahora puedo sentir todo mi cuerpo. Está temblando, arde y vibra de vida. Nunca me había sentido así...

Aproximadamente un mes después recibí un correo electrónico de John en el que me contaba que había empezado a trabajar en su libro. Incluso había empezado a llevar un blog y a compartir algunas de sus palabras con los demás. Sí, en ocasiones los viejos temores (esas voces en la cabeza y esas sensaciones incómodas en el cuerpo) volvían a aparecer, pero ahora quería y podía estar presente con estas partes temerosas de su ser a medida que iban surgiendo. Era capaz de atravesar el miedo y seguir escribiendo. Ahora estas sensaciones ya no tenían por qué bloquearle o impedir que siguiese el llamado de su corazón. En este viaje heroico el miedo había dejado de ser su enemigo y ahora podía convertirse en su aliado, en algo que podía confrontar y examinar con curiosidad, algo que, cuando apareciese, podía inundar con su conciencia abierta y distendida. Ese pequeño niño asustado que se escondía en su interior no era en modo alguno un «error» o un problema que requiriese alguna solución, sino una parte de su ser que necesitaba recibir amor, que la abrazasen, la bendijesen, e incluso que celebrasen su llegada cuando hacía acto de presencia.

John se había girado para confrontar sus miedos más profundos, le había plantado cara a esa Cosa Oscura que imaginaba que lo destruiría... Y, en lugar de eso, había encontrado una nueva vida y una nueva fuente de creatividad.

44. EL AMADO

Hay algo que he de confesar: soy un asesino.

Pero ¡aguarda un instante! No te escandalices. Tan solo te estoy diciendo algo que tú ya sabías mucho antes de que naciesen tus padres.

Soy un asesino. Soy un santo. Soy una prostituta. Soy un ladrón. Soy el mendigo que hurga entre las latas de basura de esa gasolinera por la que pasas todas las noches cuando vuelves del trabajo. Soy un vándalo. Soy un artista. Soy un amante salvaje y apasionado. Soy todos los océanos. Soy creación y destrucción. Soy las galaxias y las estrellas.

Soy una jirafa. Soy Mickey Mouse. Soy el niño muerto de hambre que ves en la tele con esos ojos fijos y vacíos a los que no puedes mirar por mucho tiempo antes de que tu corazón empiece a partirse en dos. Soy todo lo que te motiva y todo lo que te deja frío como el hielo. Soy *Operación Triunfo*, *La Voz*, *Factor X*, *Got Talent*... Soy *La flauta mágica* de Mozart. Soy tan vasto como un Universo. Soy más pequeño que la más diminuta y microscópica de las partículas subatómicas. Soy silencioso, pero al mismo tiempo mi estruendo es el estruendo de setecientos apocalipsis.

Adopto todas las formas pero no me aferro a ninguna en particular.

No digo: «Soy forma». Ni tampoco: «No soy una forma».

No digo: «Existo». Ni tampoco: «No existo».

No me llamo a mí mismo Dios, conciencia, percepción consciente, presencia, espíritu... Ni tan siquiera Vida.

No tengo ningún nombre para mí mismo. Soy anónimo.

Y, sin embargo, todos los nombres me pertenecen.

Los seres humanos luchan, matan y mueren por los nombres que me dan. Crean religiones, dogmas, sistemas de pensamiento. Proclaman que estoy «de su parte», cuando lo cierto es que yo no tomo partido por nada. Dicen que les pertenezco, pero yo no pertenezco a nadie y, al mismo tiempo, les pertenezco a todos. Intentan descifrar lo que soy. Incluso proclaman ser yo, conocerme, canalizarme. Algunos llegan a asegurar que han encontrado el único Camino que lleva hasta mí. Siempre lo han hecho y siempre lo harán.

No saben. No pueden saber. Sus mentes son demasiado limitadas.

Y, no obstante, la mente es también una de mis muchas ingeniosas apariencias.

Aparezco como todo, pero cuando te detienes y tratas de ubicarme, no puedes encontrarme. Juego al juego del escondite cósmico. A veces me muestro cuando abandonas todo intento de encontrarme.

Soy estas palabras y todos los espacios que quedan entre ellas. Soy el silencio al final de las frases... Y las expectativas que se forman en su inicio. Soy su negro, su blanco y toda la gama de grises y de cualquier otro color. Soy la comprensión y la falta de comprensión. Soy la similitud y el contraste. Soy la separación y la unidad indescriptible.

Soy los ojos que se mueven recorriendo esta página y la página que se mueve recorriendo estos ojos. Soy el ver y todo lo visto. No me divido en sujeto y objeto. La separación no es mi religión. No sé nada de ningún «yo», pero incluso así hablo del «yo» por el simple placer de hacerlo.

Soy masculino y femenino, el Este y el Oeste, el interior y el exterior. Hablo con fluidez todos los idiomas. Soy todo lo que es, todo lo que ha sido y todo lo que será. Soy ahora y nunca ahora. No se me puede reducir a ninguna cosa. En el espacio de un aliento mío transcurren eternidades. Los eones son mi alma, mi sangre.

Ahora mismo te estoy respirando.

Soy tu inspiración y tu espiración, cada una de tus íntimas y sagradas respiraciones.

Soy todos y cada uno de los pensamientos que tienes, que surgen y se disuelven en la inmensidad.

Soy todos esos sentimientos que tienes y que atraviesan mi cuerpo universal como un cometa.

Soy la angustia, la ira, la rabia. El fuego y el agua.

Siempre estoy aquí, tanto si me reconocen como si no.

Soy el «soy» incluso cuando el yo no es.

Soy nada y todo, nadie y todos.

Soy el asesino. El asesino dice: «Yo soy».

Soy el santo. El santo dice: «Yo soy».

Soy la prostituta. La prostituta dice: «Yo soy».

Soy el niño. El niño dice: «Yo soy».

Soy el científico. El científico dice: «Yo soy».

Soy el moribundo. El moribundo dice: «Yo soy».

Sí, la historia de «yo» siempre es diferente. Soy así de creativo.

Pero «soy» siempre es igual. SOY. *AM*.* OM. Esa es mi naturaleza inmutable.

No me busques. No trates de encontrarme en el tiempo. No te enorgullezcas por haberme encontrado. No soy tu trofeo. No soy alimento para tu hambriento ego espiritual. Simplemente limítate a admitir que ya estoy aquí. Admite que siempre he estado aquí. Y vive tu vida como un constante recordatorio de mí. Entrégate a la alegría y la felicidad de ser yo. Deja que tu vida sea la canción de amor que me dedicas. Permite que tus actos y tus palabras sean mi expresión. Manifiéstame, dame forma.

---

* *Soy* en inglés. (N. del T.)

Soy tu más profunda sabiduría. Estoy más cerca de ti que tu más honda soledad.

Nunca te he abandonado, nunca te abandonaré. Ni tan siquiera sé lo que significa esa palabra.

Estaré aquí cuando tomes tu último aliento.

Tú eres mi hijo amado.

Estuve ahí cuando naciste. Sosteniéndote, arropándote.

¿Lo recuerdas?

45. TE DARÉ MÁS DE MI LOCURA

Las palabras son como el helado.

Me refiero a la clase de helado que les dan a los astronautas.

Cuando tenía siete años, mi padre me compró un poco de este helado en la tienda de regalos del Museo de Ciencias. Venía envuelto en un reluciente paquete de aluminio gris. Estaba seco y olía a leche agria y a futuro. Creo que era su manera de pedir disculpas por todo lo demás...

¿Sabes? La poesía bulle en mi cabeza durante todo el día. El 99,9% nunca llega a salir de ahí. Darle forma equivaldría a quitarle la vida. O al menos eso es lo que me digo a mí mismo.

Treinta años después, me arrodillé junto a la cama de mi padre y le canté. Me imaginaba que me escuchaba, pero tal vez ya estaba demasiado lejos, perdido en el espacio.

En cualquier caso, a mí me encantó poder cantarle.

Entró la enfermera y me dijo que «fuese fuerte». No supe a qué se refería. Yo estaba anegado en lágrimas y feliz más allá de todo lo razonable porque ya todo estaba bien. Mis lágrimas eran mi fuerza.

Cuando estás a miles de kilómetros de la Tierra, tal vez un helado que se deshace en polvo es mejor que no tener ninguno.

Vale. Tú ganas. Te daré más de mi locura.

46. ÉXODO

¿Mirarías? Y si mirases, ¿verías?

Un anciano y un niño, el mar, un café vetusto, el paseo marítimo cubierto de tapetitos de papel y de folletos amarilleantes que anuncian diversos actos de homenaje. Ahora la música se desvanece, pero perdura en el aire la insistente promesa de algo bueno. Sándwiches de pan tostado con queso fundido, círculos de café sobre las mesas de formica, trocitos de patatas fritas bajo las patas de las mesas, y todos esos rostros que, silenciosos, observan durante horas y horas.

Una migaja cuelga del labio inferior del anciano, y una gota de saliva de su barbilla. Las dos a punto de caer.

El anciano mira al chico y, con aire escrutador, entrecierra los ojos como si estuviese descubriendo algo profundamente enterrado en su interior. Por su parte, el chico mira por la ventana y observa cómo un pajarillo picotea una bolsa azul tirada en la arena, sus asas atadas con un nudo. Me parece que está sonando una canción de Cliff Richard. No estoy seguro. Son notas agudas, suaves y aflautadas que desaparecen en el ruido blanco y el bajo continuo del océano. Tal vez se trate del tema *Congratulations*.

Creo que yo soy ese chico y tú el anciano, y que pasamos este último día juntos.

El sol se esconde detrás de las cargadas nubes del atardecer. Una sombra cae sobre el paseo marítimo como el Ángel de la Muerte de aquella película bíblica que vimos juntos cuando yo era lo suficientemente pequeño como para creer que podíamos separar grandes masas de agua y que el primogénito se salvaría, y tú te levantabas cada día para prepararme una bebida dulce de té y leche. Aunque tú ya las hayas olvidado, yo nunca olvidaré estas cosas. Siento un escalofrío, una sensación que está a caballo entre el frío, la deshidratación y un nivel bajo de azúcar en sangre. Ha sido un día largo. No hemos hecho más que ir de café en café, y yo te he escuchado bostezar y quejarte de los locales, de lo secos que estaban los pasteles y de lo eternos que son los días.

–Papá, ¿por qué no te pones el abrigo? Está empezando a refrescar.

–No lo he traído.

–Está en la silla. Detrás de ti.

Se gira en su asiento y palpa la capucha arrugada que cuelga sobre el respaldo.

–No, hijo. Este abrigo no es mío.

Aguardo un instante...

–¡Ah! ¡Sí! Es el mío.

Siempre acaba siéndolo.

Se apretuja dentro del abrigo. Dios, ahora se ha vuelto tan pequeño. Papá, encogiéndose. Uno nunca se espera que los padres encojan. Los abrigos sí, pero no los padres.

El tiempo pasa. Bostezos. No sé si se trata del silencio o simplemente de la ausencia de palabras. O quizá estemos esperando algo que aún no tiene nombre.

Dos gaviotas embisten una *baguette* de atún que ha quedado en la arena.

De pronto, sin previo aviso:

–¿Sabes, hijo?... Eres un buen chico.

Se acerca (algo que no suele hacer nunca). Me dice que soy un buen chico. Me acaricia la mano izquierda. Siento su mano dura, seca, como algo que ha sido erosionado durante miles de millones de años. Ahora está más cerca de su esencia. Todas esas manchas en la piel, esas arrugas inexploradas, pliegues, grietas y hendiduras tan profundas como todo lo que nunca ha dicho, todas esas cosas que se ha guardado en el corazón y nunca podrá compartir.

–Seguimos caminos diferentes, hijo. Pero eso no es problema. Eres un buen chico.

Me abraza. Por un instante casi no puedo respirar.

Seguimos caminos diferentes, pero eso no es problema, y soy un buen chico.

Las gaviotas se disputan la *baguette* de atún, su contenido sale por los aires... Trozos de lechuga, atún machacado, aquí y allá destellos de blanco, de amarillo y de rojo, y los ojos enloquecidos de los pájaros...

–Sí, papá. No hay ningún problema.

–¿Qué dices, hijo?

–Digo que no pasa nada porque sigamos caminos diferentes.

–¿Cómo? Ah. Sí, sí.

Mira hacia otro lado. Las gaviotas se rinden y se van aleteando a la parte del paseo marítimo en la que aún queda luz.

Se limpia la boca con el dorso de la mano y la gravedad le libra de las migajas.

Bosteza.

–¡Qué pajarillos tan simpáticos!, ¿verdad?

–Sí, papá. Son graciosos.

*¡Qué alegría! ¡Hay que celebrarlo! Le diré a todo el mundo que estás enamorada de mí. ¡Qué alegría! ¡Estoy lleno de júbilo! Quiero que el mundo entero sepa que no puedo estar más feliz.** La clase de canción que ponen en lugares como este, en esta época del año, en días como el de hoy.

Creo que somos reyes.

* Letra de la canción *Congratulations*, de Cliff Richard. (N. del T.)

No hay ningún lenguaje de lo sagrado;
lo sagrado se encuentra en lo ordinario.

Deng Ming-Dao